KB188359

그래도 아직은
선택할 기회가
있습니다

그래도 아직은
선택할 기회가
있습니다

- 초판 1쇄 발행 2018년 8월 31일

- 지은이 최순이
- 펴낸이 조유선
- 펴낸곳 누가출판사

- 등록번호 제315-2013-000030호
- 등록일자 2013. 5. 7.
- 주소 서울특별시 공항대로 637 B-102(염창동, 현대아이파크 상가)
- 전화 02-826-8802 팩스 02-826-8803

- 정가 10,000원
- ISBN 979-11-85677-30-9 03230

＊파본은 교환해 드립니다.
＊이 출판물은 저작권법에 의해 보호를 받는
  저작물이므로 무단 복제할 수 없습니다.
＊독자의 의견을 기다립니다.
＊sunvision1@hanmail.net

그래도 아직은 선택할 기회가 있습니다

최순이 지음

선교현장에서 경험하였던 복음의 능력이 전하는
영혼을 향한 메시지!

출판사
누가

위대한 복음의 여정

최순이 선교사님은 필자가 사랑깊은교회에 부임해 오면서 처음 만난 분입니다. 우리 교회 장로님의 처제로 한국에 오실 때마다 필자의 교회에서 예배를 드립니다. 선교사님이 최근 도미니카를 다녀오신지 한 달 밖에 되지 않아서 그 사이에는 만날 수가 없었습니다. 그런데 한 달 전에 오셔서 새로 내실 책 추천을 부탁하신 것입니다. 선교사님은 이전에도 『이것만 지켜도 천국에 넉넉히 들어갑니다』(2007), 『너 하나님의 사람아! 이것을 아십니까?』(2009), 『고난은 축복의 통로입니다』(2012), 『대환란을 대비하라』(2013)라는 책을 펴내셨습니다.

위의 책들은 가정에서 처음 예수를 믿고 핍박을 헤쳐나온 이야기, 교회 목사 사모로서의 삶, 젊은 나이에 소천하신 목사님을 대신하여 세 딸 모두를 훌륭히 키워내신 사연, 갑자기 도미니카 선교사로 부르신 하나님의 소명에 순종함으로 1992년 이후 26년 동안 현지에 네 개의 교회를 세우고, 현지인 목사와 전도사, 안수집사를 세운 일은 그저 놀라울 따름입니다. 필자는 책을 읽는 내내 나는 그 동안 무엇을 하였나 하는 부끄러움을 느끼기도 하였습니다.

이제 또 한 권의 책을 펴내신다고 합니다. 이번 책은 특별히 복음을 소개하되 구원의 확신을 심어주기 위한 목적이 있다고 합니다. 그 무엇보다도 귀한 목적이 아닌가 생각됩니다. 한 영혼이 돌아오기를 천하보다도 귀히 여기시는 아버지 하나님의 마음을 잘 아시는 선교사님의 마음을 엿볼 수 있기 때문입니다.

이번 책은 비교적 내용이 길지 않으면서도 이러한 특징이 있습니다.

첫째는 전적으로 성경적이라는 점입니다. 선교사님은 신구약 성경을 관통하며 복음의 내용을 성경의 이야기식으로 잘 설명하고 있습니다.

둘째는 선교현장에서 경험하였던 복음의 능력을 메시지로 전하고 있습니다. 복음의 뼈대뿐 아니라 세계의 종말과 현대의 조류 즉, 진화론과 다원주의의 실체에 대해서 소개하면서 동의하기 쉽게 여러가지 방법으로 잘 설명하고 있습니다.

셋째는 뜨거운 가슴에서 나온 영혼을 사랑하는 절규가 드러나고 있습니다. 선교사님은 인생의 고난 한가운데서 예수님을 만났고, 기도 중에 놀라운 체험을 많이 하였습니다. 천국과 지옥에 대한 실감나는 경험과 하나님이 계획하신 세계 종말에 대해서도 소개함으로써 복음의 당위성을 넘어서 반드시 믿어야 하는 절대성을 구절마다 강조함으로써 전도를 받는 이들이 꼭 들어야 할 복음으로 인식하도록 서술하고 있습니다. 바라기는 이 책이 복음을 소개하는 것을 넘어 이미 믿고 있는 이들에게도 구원의 확신을 주는 데 귀하게 사용되기를 바라는 마음이 간절합니다.

최순이 선교사님은 일흔을 바라보고 있지만 아직 현역이십니다. 요즘도 현지에 세워 놓은 사역자 선교지원과 협력기도에 여념이 없습니다. 그리고 또 도미니카로 들어갈 준비를 하고 있습니다. 필자는 선교사님을 뵐 때마다 '사람이 하나님을 위해서 어떻게 하면 저렇게 최선을 다할 수 있을까'라는 생각이 듭니다. 또한 한 때 영국과 미국의 대각성을 위해서 불 같이 살았던 조지 횟필드(1974-1770)의 "나는 녹슬어서 없어지는 사람이 되기 보다는 닳아서 없어지는 사람이 되고 싶다."라는 말이 선교사님을 뵐 때마다 생각 나는 것은 우연이 아닙니다.

선교사님의 열정과 더불어 아름다운 결과가 풍성해지기를 오늘도 기도합니다.

2018년 6월 초

김태식 목사(사랑깊은교회 담임)

추천사 ─────

바쁘더라도 반드시 시간을 내서 읽어야 할 책

저자 최순이 선교사님은 하나님 나라의 확장을 위해 도미니카공화국에서 선교사역에 수고하시는 하나님의 종이며 저에게는 15년 전부터 지금까지 기도로 사역해 온 사랑하는 동역자입니다. 이번에 출간하게 된 본서는 선교사님의 선교현장에서 살아있는 복음의 메시지를 토대로 하여 하나님의 청함을 받은 자가 삶의 터전에서도 행복하고 풍요로운 하나님의 은혜를 누리며 살아가는 것을 바라며, 기도와 열망을 가지고 읽기 쉽게 써 내려갔음에 큰 감명이 있습니다.

영생을 얻었지만 삶의 터전에서 천국의 삶을 누리지 못하는 자들에게 진정으로 행복한 구원의 길을 확고히 하는데 부족함이 없을 것이라 생각됩니다. 따라서 구원의 길을 사모하는 분이나 구원은 받은 것 같은데 확신이 없는 분, 예수님과 첫사랑을 잃어버림으로 영적인 기쁨을 잃어버린 분들이라면 반드시 읽어야 할 책입니다. '창조의 하나님'으로 시작하여 '다시 오실 예수님'으로 풀어낸 성경적인 이야기는 거듭난 성도들의 치우치지 않는 신앙생활에 도움을 줄 뿐 아니라 교회 안팎으로 일어나는 영적인 문제들에 대한 복음의 강력한 메시지로 경종을 울리게 될 것입니다. 세상에는 많은 책들이 있지만 저에게 몇 권의 책만을 선택할 기회가 있다면 저는 최순이 선교사님의 『그래도 아직은 선택할 기회가 있습니다』를 선택할 것입니다.

김영계 목사(하늘문교회 담임, 칼빈대학교 실천신학 교수)

목차

머리글

아직은 선택할 시간이 있습니다. 세상을 살아가면서 만나는 어려움들과 고통들이 우리를 좌절하게 하고 절망 가운데로 끌고가지만, 살아있으매 다시 한번 선택할 수 있는 자유가 있습니다.

사실 죽으면 이 땅에서 아무 것도 할 수 없습니다. 그냥 끝입니다. 그리고 우리 의지와는 전혀 상관없이 죽은 다음에는 '지옥과 천국'으로 나뉘어져 그곳에서 영원히 살아야만 합니다.

세상 사람들 중에는 죽은 다음에 '환생'이라는 다른 사상이 뇌리 속에 대못처럼 깊이 박혀있어서 자신이 죽은 다음에 어떤 동물이나 곤충으로 다시 태어날 것이라는 기대를 하면서 삶이 힘들다고 도피하듯이 '자살'을 선택하는 경우가 있습니다. 하지만 무속인들이 주장하는 '환생'이라는 것은 없습니다.

이 세상에는 사람들이 인정하든 인정하지 않든 창조주이신 하나님의 '영'과 하나님을 반역하여 천사장에서 사탄이 된 루시퍼 사탄의 '영'이 세상을 지배하고 있습니다. 사탄은 하나님을 조직적으로 대적하기 위해서 세상에 많은 신들을 세웠습니다. 그리고 자신이 가지고 있는 능력을 그 거짓 신들을 통하여 가끔씩 나타냈기 때문에 사람들은 그 증거를 보고 그 신들을 맹종합니다. 사탄이 사람들의 마음 속에서 창조주 하나님을 지우기 위한 필사적인 노력은 세상 모든 것에서 나타납니다.

그 중에 하나가 '환생'이라는 사상입니다. 이 사상을 상상력이 풍부한 사람들이 자기의 사랑하는 사람들을 먼저 떠나보내면서 조금이라도 마음의 위로를 받기 위해 더욱 발전시켰습니다. 그리고 그것을 세대마다 대대로 전해주었기 때문에 거짓이 진실인양 사람의 마음에 남게 된 것입니다

예를 하나 들어볼까요? 몇년 전에 YouTube에 나온 동영상 하나가 한국을 떠들썩하게 했던 일이 있었습니다. 바로 자살한 어떤 분의 지옥의 소리였습니다. 저도 그 동영상 봤는데 지금도 제 기억에 남은 것은 "환생이 있다고 하여 쉽게

죽었는데 내가 속았어." 하면서 울부짖는 소리였습니다.

성경에도 똑같이 지옥에서 울부짖는 장면이 있습니다.

"아버지 아브라함이여 나를 긍휼히 여기사 나사로를 보내어 그
손가락 끝에 물을 찍어 내 혀를 서늘하게 하소서 내가 이 불 꽃
가운데서 괴로워하나이다…내 형제 다섯이 있으니 그들에게 증
언하게 하여 그들로 이 고통 받는 곳에 오지 않게 하소서."(눅
16:24, 28)

부자와 나사로의 이야기 입니다. 부자는 날마다 호화롭게
잔치를 베풀어 쾌락을 즐기며 살다가 죽어서 지옥에 갔고,
나사로는 비록 빌어먹는 거지였지만 하나님을 믿는 믿음을
지키다가 죽어 천국에 들어갔습니다. 그리고 어느 날 믿음의
조상인 아브라함 품에 안겨 있었습니다.

불과 유황불이 세세토록 타는 곳, 그 고통의 장소인 지옥
에서 살 수 밖에 없었던 부자가 눈을 들어 건너편 높은 곳에
있는 아브라함을 보고 울부짖습니다. "나사로의 손 끝에 물
한방울을 찍어 자신의 혀를 서늘하게 해달라고." 얼마나 뜨

거웠으면 손끝에 물 한방울이 어떻게 서늘함을 준다고 그렇게 간절했을까요! 하지만 주고 싶어도 줄 수가 없다는 대답을 듣게 된 부자는 처참한 마음으로 나사로를 자기 아버지 집에 보내어 그들이 이 지옥에 오지 않겠끔 복음을 증거해 줘서 자기 형제들은 자기가 있는 곳에 오지 않게 해달라고 다시 간구합니다. 아브라함이 이렇게 대답합니다. 세상에는 전도하는 사람들이 있으니 그들이 전하는 하나님의 말씀을 듣고 믿어야 할 것이며, 그들이 전하는 진리의 말씀을 믿지 못한다면 혹 죽은 사람이 살아나는 기적을 보고 믿었다고 해도 그 믿음은 가치가 없다고 말합니다. 정말 '환생'이라는 것이 있었다면 이 부자가 자기 형제들이 지옥에 올까봐 고민하며 애절하게 부탁을 할 필요가 있었을까요?

창조주 하나님께서 6일 동안 세상을 창조하실 때 자연이 살아가는 법칙과 사람이 살아가는 법칙을 달리하셨습니다. 자연은 자연으로 태어나 본능으로 알게 하신 법칙을 따라 살다가 죽음으로 끝이 납니다. 그러나 사람은 선과 악을 구별하여 선을 추구하며 법을 지키며 도덕을 중요시 여겨 서로 공존하는 삶을 살다가 죽은 다음의 세상에서 영원히 살도록 창조되었습니다.

더욱이 사람의 생명과 죽음과 저주와 축복을 주관하시는 분께서 사람을 다시 자연으로 환생시키는 그 혼동스럽고 혼잡스러운 재탄생(환생)을 하시게 하셨을까요? 아닙니다. 사람은 분명 재탄생(거듭남)을 하지만, 그것은 살아있는 동안 예수님을 자신의 구세주로 영접하는 믿음 때문에 영적인 탄생을 하는 것입니다. 사람은 다른 피조물인 자연과는 달리 세상에 태어나 살아가는 동안 자신이 행한 모든 것에 대해 스스로 책임을 지고 하나님의 심판을 받아야 하는 피조물입니다. 그래서 예수 그리스도의 교회들이 사람들에게 재탄생(거듭남)을 할 수 있도록 예수님 믿으시기를 강권하는 것입니다. 왜냐하면 창조주 하나님께서 사람을 그들의 죄에서 구원해 주실 분으로 오직 한 분 독생자 예수 그리스도로 정하셨기 때문입니다.

"다른 이로써는 구원을 받을 수 없나니 천하 사람 중에 구원을 받을 만한 다른 이름을 우리에게 주신 일이 없음이라 하였더라."(행 4:12)

이 책은 하나님께 청함을 받은 사람들을 위하여 쓴 글입니다. 하나님께서는 모든 인류를 당신의 잔치에 초대하셨거든요. 그래서 청함을 받은 사람들이 이 지구촌 안에 엄청나게 많은 것입니다. 당신도 그 중에 한 사람일 것입니다. 그러나 청함을 받은 것으로 끝내지 마십시오. 계속해서 잔치에 참석할 수 있는 사람으로 택함을 받게 되시기를 바랍니다. 그것은 당신의 선택에 달려 있습니다. 저는 이 글에서 과연 어떤 사람들이 택함을 받을 수 있는지, 그리고 택함을 받은 사실을 스스로 알아가도록 도와 드리겠습니다.

하나님의 영이신 성령님께서 당신을 도와 주셔서 잘 이해하고 결단할 수 있기를 간절히 기도 드립니다.

도미니카공화국 산토도밍고에서

최순이 선교사

1.
당신은
거듭나셨습니까?

"예수께서 대답하여 이르시되 진실로 진실로 네게 이르노니 사람이 거듭나지 아니하면 하나님 나라를 볼 수 없느니라."(요 3:3)

예수님 당시의 사람들도 지금의 사람들처럼 하나님 나라에 대한 관심이 많았던 것 같습니다. 이스라엘 나라를 다스리는 관리들과 제사장들이 가장 많이 속한 바리새파 중에 한 사람, 성경을 가르치는 니고데모라 하는 랍비(선생)가 밤에 살그머니 예수님을 찾아왔습니다.

니고데모는 구약성경을 가르치는 선생으로서 메시야를 기다리며 하나님 나라가 임한다는 것을 백성들에게 오랜 세월 가르쳐 왔습니다. 하지만 하나님 나라에 들어가는 방법에 대해서는 전혀 아는 바가 없었습니다. 니고데모는 자신이 다른 사람들을 구원의 길로 인도해야 하는 선생으로서도 이 사실을 바르게 알아야 했겠지만, 더 중요한 것은 자신의 영원한 생명을 위해서라도 하나님 나라에 들어가는 방법을 꼭 알아야 했습니다. 그래서 그 궁금증을 해결해 보려고 바리새인들의 눈을 피하여 밤중에 몰래 예수님을 찾아온 것입니다.

당시에 바리새인들은 예수님을 적대시 했을 뿐만 아니라 이단의 괴수로 취급하고 있었기 때문에 예수님을 믿고 따르는 자는 다 출교시켜버림으로써 그들의 생활 근거지를 빼앗아 버렸습니다.

두려움이 많은 니고데모지만 그동안에 자신의 눈으로 보고 귀로 들은 그 초자연적인 기적들과 표적들은 자신이 알고 있는 한 '하나님께서 보내신 자'가 아니면 절대 일어날 수 없는 기적들이라고 믿었습니다. 그래서 예수님을 신뢰하는 마음으로 질문을 합니다. "어떻게 하면 하나님 나라에 들어 갈 수 있는 길을 알 수 있습니까!"

이 말을 들은 예수님은 이렇게 말씀 하셨지요. "사람이 거듭나지 아니하면 하나님의 나라를 볼 수 없느니라."

니고데모는 도무지 이해가 되지 않았습니다. '거듭난다고? 어떻게?' 이리저리 생각을 해보다가 찾은 질문이 "사람이 늙으면 어떻게 날 수 있사옵니까" "두 번째 어머니 모태에 들어갔다가 날 수 있사옵나이까"

예수님께서 대답하셨습니다.

"진실로 진실로 네게 이르노니 사람이 물과 성령으로 나지 아니하면 하나님의 나라에 들어 갈 수 없느니라 육으로 난 것은 육이요 영으로 난 것은 영이니 내가 네게 거듭나야 하겠다 하는 말을 놀랍게 여기지 말라 바람이 임의로 불매 네가 그 소리를 들어도 어디서 와서 어디로 가는지 알지 못하나니 성령으로 난 사람도 다 그러하니라"(요 3:5-8)

이 말씀을 들은 니고데모는 더 혼동스러웠습니다. "어찌 그러한 일이 있을 수 있습니까?" 니고데모는 예수님께서 보여주신 초 자연적인 능력을 잠시 잊어버리고 육적인 사람의 생각으로 대답을 합니다.

예수님께서는 니고데모의 혼동된 마음을 바로 잡아 주시기 위하여 책망부터 하셨습니다.

"너는 이스라엘의 선생으로서 이러한 것들을 알지 못하느냐"

니고데모는 이미 구약의 여호와 하나님은 전지전능하신 하나님이시라는 것과 그 분은 온 하늘과 온 땅의 절대주권자이시라는 사실을 마음으로 알고, 믿고, 성실하게 사람들을 가르치면서 평생을 살아왔습니다. 예수님께서는 이 사실을 아셨기 때문에, 세상의 합리적인 생각에 빠져 설명하시는 말씀들을 전혀 이해하지 못하고 의심하는 니고데모를 책망을 하시면서 그의 믿음을 일깨워 주셨던 것입니다.

니고데모의 혼동스러움은 이랬을 것입니다. 예수님도 분명 사람으로서 자연적인 탄생을 했으며 누구의 자식이라는 것도 자신이 알고 있는데 어떻게 '하나님께서 보내신 자'일까? 어떻게 '사람이 물과 성령'으로 다시 난다는 말인가?

도무지 믿을 수도 없고 믿어지지도 않았습니다. 그러나 사람의 마음을 꿰뚫어 보시는 예수님께서는 니고데모를 측은히 여기시고 그의 이해를 도와 주시기 위하여, 몸이 자연적인 탄생을 하는 것과는 달리 죄에서 구원받고 거듭나는 것은 영으로 태어나는 것이라고 자세하게 설명을 해주십니다.

다시 말해서 '물과 성령으로 난다'는 것은 '물(진리)'로 비유되신 예수님께서 이루실 인류를 향한 십자가의 죽음과 삼일만에 부활하시는 대속의 사역을 개인적으로 믿는 것입니다. 자신이 죄인임을 시인하면서 그 죄의 값을 예수님께서 대신 지불하셨다는 것을 인정하고 예수님을 자신의 구세주로 마음에 영접하게 되면 '성령님'이 그 사람 속에 들어가 내주(마음에 같이 사는 것)하시기 때문에 거듭나게 되는 것입니다.

물론 사람들이 그렇게 신봉하는 과학으로도 이 사실은 확인되지 않습니다. "바람이 임의로 불매" 여기서 바람은 하나님의 영이신 '성령님'을 비유한 것입니다. 바람이 이리 저리 불어도 어디서 와서 어디로 가는지 알 수 없는 것처럼 사람이 거듭나는 과정에서 성령님이 임의로 역사하시는 것을 눈으로 확인할 수 없습니다. 하지만 거듭난 사람은 하나님께서 주시는 평강의 기쁨을 느끼기 때문에 자신이 거듭났다는 것을 알게 됩니다.

사람을 거듭나게 하시는 것은 하나님의 절대적인 주권에 해당되는 것으로써 사람의 어떤 힘과 능력으로 이루어지는 것이 아닙니다.

또한 육으로 나는 것은 사람을 통하여 나는 것이지만 '거듭나는 것'은 영으로 나는 것이기 때문에 사람은 전혀 도울 것이 없고 오직 하나님의 은혜로써 성령님의 역사에 의해서만 이루어집니다.

"진실로 진실로 네게 이르노니 우리는 아는 것을 말하고 본 것을 증언 하노라 그러나 너희가 우리의 증언을 받지 아니하노라 내가 땅의 일을 말하여도 너희가 믿지 아니하거든 하물며 하늘의 일을 말하면 어떻게 믿겠느냐"(요 3:11-12)

예수님께서는 이제 니고데모에게 하나님 나라는 꾸며진 이야기 속에 있는 어떤 장소가 아니라 실제적으로 있는 장소라는 것을 확실하게 증언해 주시면서 예수님의 말씀을 믿을 것인지 믿지 않을 것인지를 스스로 선택할 수 있도록 기회를 주셨습니다.

니고데모의 마음은 어땠을까요? 이 말씀까지 들은 네고데모는 정신이 번쩍났을 것입니다. 그리고 자신이 잠시 세상의 합리적인 생각에 빠져 전지전능하신 여호와 하나님께 대한 믿음을 잃어버렸던 것을 회개하며 자신 속에 있는 죄들을 입으로 시인하며 용서를 빌었을 것입니다. 예수님께서는 니고데모의 진실한 마음을 이해하시고 거듭나는 비밀을 더 자세하게 설명해 주셨습니다.

"하늘에서 내려온 자 곧 인자 외에는 하늘에 올라간 자가 없느니라 모세가 광야에서 뱀을 든 것 같이 인자도 들려야 하리니 이는 그를 믿는 자마다 영생을 얻게 하려 하심이니라."(요 3:13-14)

예수님의 십자가에서의 죽음과 부활과 승천은 아담과 하와로 인하여 물려받은 죄 때문에 죄인일 수 밖에 없는 인류를 구원하시기 위하여 사람들 대신 그 죄값을 지불하신 것으로, 그 사실을 믿는 사람들은 예수님으로 말미암아 거듭나고, 의인이라는 칭호를 얻게 되어 영원한 생명을 보장 받게 된다는 것을 예수님께서는 다시 한번 자세하게 말씀해 주셨습니다.

니고데모는 이 사실들을 듣고 진심으로 믿음으로써 거듭났습니다. 그리고 예수님의 제자가 되었습니다.(요 19:39)

이렇게 니고데모가 구원받고 거듭날 수 있었던 것은 그는 구약의 여호와 하나님에 대해서 이미 잘 알고 믿고 있었기 때문입니다. 그래서 예수님의 말씀을 마음으로 잘 이해했을 것입니다. 그러므로 현 시대의 사람들도 자신이 믿으려고 하는 신이 누구인지 지식적으로 분명히 알고 마음으로 믿어야 합니다. 그러기 위해서는 먼저 삼위일체의 하나님에 대하여 알아야 합니다.

2.
성 삼위일체의
하나님

"그러므로 너희는 가서 모든 족속으로 제자를 삼아 아버지와 아들과 성령의 이름으로 침례(세례)를 주고"(마 28:19)

"증거하는 이가 셋이니 성령과 물과 피라 또한 이 셋이 합하여 하나이니라."(요일 5:8)

사실 그리스도인 중에도 삼위일체의 하나님에 대한 바른 지식을 가진 분들이 의외로 많지 않은 것 같습니다. 성경을 읽으면 아버지와 아들과 성령이 분명하게 세 분으로 나타나 있기 때문에, 한 분이시면서 독립적인 세 분으로 보이는 이 사실을 이해하기가 저 역시 신앙 초기에는 너무 어려웠습니다.

어떻게 성부 하나님과 성자 예수님과 성령 하나님이 한 몸이라고 말씀하시는지?

창조주이시며 구약에서는 자신을 여호와 하나님이라고 소개하신 하나님이 성부 하나님이시고, 동정녀 마리아를 통하여 세상에 태어나신 예수님이 성자 예수님이시며, 예수님께서 승천하시면서 오시게 된 분이 성령 하나님. 하지만 분명히 세 분처럼 느껴지는데 어떻게 한 분으로 이해해야 하나 많이 고민하였고, 답변을 해 줄만한 분들께 질문도 해보았습니다. 그랬더니 태양을 예로 들어(태양은 본체가 있고, 빛을 발하고, 뜨거운 열을 내뿜는 세가지 역할을 하지만 태양이 하나인 것처럼)삼위일체를 설명해 주었습니다.

이 설명은 제 속에 있는 의문을 만족시킬 수 없었지만 만족할 수 밖에 없었습니다. 그러나 제가 다른 사람에게 이 방법으로 삼위일체를 설명하기에는 무언가 부족하다는 것을 깨닫고 성경을 읽고 또 읽고 기도하고 또 기도하면서 그 해답을 찾게 되었습니다.

창세기 1장 1절의 태초에 천지를 창조하신 하나님이 바로 삼위일체의 하나님이셨습니다. 이 삼위일체의 하나님께서는 만유(우주에 존재하는 모든 것)의 아버지로서 만유 위에 계시고, 만유를 통일하시며, 만유를 유지하시는 전지전능하신 하나님 아버지이십니다.(엡 4:6, 히 1:10-12)

이 하나님 아버지께서 처음에 지으신 사람은 아담과 하와였지요. 하나님께서 이들에게 한 가지 법(선악과를 따 먹으면 반드시 죽는다)을 정해주십니다. 하지만 하나님을 경외(존경하므로 두려워함)하는 마음이 없었던 그들은 사단의 간교한 꾀임(먹는 날에는 하나님 같이 된다는)에 넘어가 불순종하는 죄를 짓고 맙니다. 그럼으로 인하여 그들의 자손인 모든 인류는 대대로 죄 가운데서 살다가 그들이 지은 죄의 짐을 지고 죽는 것이 사람에게 내려진 숙명입니다.

모든 창조물 중에 사람을 가장 사랑하시며 자신과 직접 교통할 수 있도록 '생령'을 주신 하나님께서는 아담과 하와가 선악과를 따먹었을 때 그들을 바로 죽이시지 않으시고 그들의 죄의 대가를 짐승의 피로 받으신 다음 그들을 에덴동산에서 쫓아내셨습니다. 하나님의 사랑에서 분리된 사람들은 진정한 행복과 평안을 맛보지 못했고 죄로 인하여 늘 힘겨운 마음의 고통을 느끼는 삶을 살아야만 했습니다.

그리고 현세에서는 모든 사람들이 죄의 대가로 한정된 삶
(사람은 누구나 태어나면 반드시 한번 죽는 것)을 살게 하셨습니다.
하지만 하나님께서 주신 생령으로 말미암아 사람은 죽은 다
음 만나는 내세가 있고, 그 내세에서는 영원히 살아야만 합
니다. 그 삶이, 하나님께서 주신 에덴동산에서의 행복했던
삶과는 달리 매순간 지옥의 고통을 당하며 살 수 밖에 없는
것입니다. 이것을 불쌍히 여기신 하나님께서 삼위일체의 하
나님으로 역할을 나누어 사람에게 다시 한번 처음의 행복을
찾아주시기 위한 거룩한 경륜(어떤 일을 조직적으로 계획함)을
세우십니다.

성부 하나님(엡 3:9)

성부 하나님은 사랑의 하나님이시면서 공의의 하나님이십
니다. 사탄은 하나님께서 사람에게 저주의 증거로 내리신 법
(사람은 누구나 태어나면 반드시 한번 죽는 것)을 이용하여 사람들
의 죄 값을 요구하였습니다. 사탄이 원하는 것은 사람들이
자기에게 죄의 값을 지불해야 한다는 것입니다.

하나님께서는 자신의 공의를 나타내실 뿐만 아니라 사탄의 요구도 만족시키면서 세상 사람들을 죄의 권세인 사탄의 세력에서 구원하시고자 계획을 세우셨습니다. 그래서 독생자 예수님에게 모든 인류의 죄 값을 대신 지고 죽게 하시기 위하여 성부 하나님 자신이 아들의 역할로 사람의 육신의 몸을 입고 이 땅에 태어나신 것입니다.(히 1:2-3) 이것이 성부 하나님의 '사랑과 은혜'입니다.

성부 하나님께서는 이 은혜를 모든 인류에게 내려 주셨습니다.(요 3:16) 그렇다고 해서 모든 사람이 자동적으로 구원을 받는 것이 아닙니다. 복음을 개인적으로 받아들이고 성자 예수님께서 자기의 죄 값 때문에 대신 고통을 당하시며 피흘려 죽으셨다는 것을 마음으로 인정하고 믿는 사람만이 구원을 받는다고 말씀하셨습니다.(롬 10:9-10)

또한 인간의 연약한 몸을 입으시고 아들의 역할로 이 땅에 오셔서 친히 모범을 보여주신 성자 예수님을 교회의 머리로 세우시고 구원받은 사람들을 교회의 지체로 삼으셨습니다. 그리고 모든 충만한 것으로 예수님께 임하시게 하시어 그의 십자가의 피로 화평을 이루게 하셨습니다. 만물 곧 땅에 있는 것들이나 하늘에 있는 것들이나 예수님으로 말미암아 화목할 수 있도록 하는 것이 성부 하나님의 기쁨이라고 말씀하셨습니다.(골 1:18-20) 또한 예수님을 만왕의 왕으로 삼으셔서 모든 정사와 권세의 머리가 되게 하셨습니다.(골 2:9-10)

이렇게 성부 하나님께서 인류를 구원할 '계획'을 세우시고 은혜를 내려 주셨습니다.

성자 예수님(요 1:14, 1:29-30, 13:1, 14:1-3, 14:6, 마 11:28-29)

진리가 되시는 예수님께서는 인류가 지은 죄(아담과 하와에게 물려 받은 원죄, 하나님을 믿지 않는 죄, 성격으로 인한 죄, 환경과 문화 속에서 얻어지는 죄, 율법에 비추었을 때 반대되는 모든 것)로 인해 모든 사람이 지불해야 하는 죗값(죽음)을 대신 갚아 주시기 위하여 십자가에 달려 죽으시고 삼 일 만에 살아나셔서 완전한 대속의 사역을 이루셨습니다.

이 분이 바로 동정녀 마리아에게 성령으로 잉태되어 육체의 몸을 입으시고 이 땅에 태어나신 성자 예수님이십니다. 하나님의 성품(신성)과 사람의 성품(인성)을 동시에 지니신 분으로서 보이시지 않는 하나님의 형상이시며, 모든 창조물 중에 오직 한 사람, 만유를 통틀어 오직 한 분이신 독생자 예수 그리스도이십니다.

사탄의 사악한 흉계로 말미암아 벌써 가인의 시대부터 창조주 하나님에 대한 사상이 왜곡되었고(창조주이시며, 진리이시며, 모든 선이시며, 생명과 사망과 축복과 저주를 주관하시는 절대주권자이신 전지전능하신 하나님이 아니라 그저 축복 또는 저주나 내리는 몹시 이기적인 어떤 신 정도로) 사람들은 자기들이 원하는 신들을 만들어 거기에 의미를 부여하고 자기 자신을 그 어느 것보다 사랑(숭배에 가까운)하였습니다.

그러므로 사람들은 자기를 축복해 주고 자기와 자신의 가족을 안전하고 행복하게 살 수 있도록 지켜주고 보호해 줄 수 있는 자기보다 힘이 있는 어떤 신 정도로 하나님을 원했습니다. 사람은 영과 혼과 육으로 지음을 받은 피조물인지라 영적인 부분이 채워지지 않으면 세상에서 모든 것을 다 가지고 있다고 해도 만족할 수 없습니다.

그러므로 사람들은 어떤 것이 자기보다 조금만 더 힘이 있어 보여도 그것을 신이라 생각하고 싶어합니다. 그리고 그것들을 자신의 하나님처럼 섬기며 그것들에게서 위로를 찾고 자기들의 소원을 이루어 달라고 정성을 다합니다. 그래서 세상에는 거짓 신들이 셀 수 없을 만큼 많은 것이 아니겠습니까?

더욱이 사람들은 진정한 신이신 창조주 하나님을 섬기는 방법에 대하여 바르게 알지 못했습니다.

나름대로 신들을 섬기고 있었기 때문에 그 신들을 섬기는 것처럼 정성을 다하여 하나님도 섬기면 되겠지 하는 마음이였을 것입니다. 하지만 하나님을 섬기는 것은 다른 신을 섬기는 것과는 다른 '거룩함'이 있어야 합니다.

그래서 하나님께서는 갈대아 우르에서 아브라함을 택하시고 그의 손자인 야곱의 열두 아들로 이루어진 이스라엘 백성을 친 백성으로 삼으셔서 모세를 통하여 십계명과 율례와 규례들을 주셨습니다.

세상 모든 나라들에게, 하나님의 전지전능하심과 거룩하신 성품과 사랑과 공의를 나타내 주시어 진정한 하나님은 이스라엘 백성들이 섬기는 하나님이시라는 사실을 온 세상에 나타내시고자 이스라엘 백성을 친백성으로 선택하신 것입니다.

그러나 율법을 마땅히 지켜야 할 이스라엘 백성들도 다른 여러 민족들처럼 교만하여 자기 자신을 하나님보다 더 사랑했기 때문에 창조주 하나님의 뜻을 바르게 나타내면서 살지 못했습니다. 때문에 성자 예수님께서는 이들에게 죄가 무엇임을 깨닫게 해주어 회개할 수 있게 하고, 그들을 죄에서 구원하여 참 하나님의 백성들로 살아가게 하시기 위하여 이 땅에 오신 것입니다.

다시말해 창조주 하나님을 섬기는 것은 다른 신들을 섬기는 것과는 분명하게 다르다는 것을 예수님 자신이 스스로 본을 보여주시며 가르치시기 위하여 아들의 역할로 이 땅에 오신 것입니다(빌 2:5-11, 벧전 2:21-23)

또한 예수님께서는 천국과 지옥(요 14:1-3, 마 10:28)이 있음을 알게 해주시고, 자신이 인류를 위해 십자가에서의 죽음과 부활을 이루셔서 인류에게 소망의 길을 열어 놓으셨습니다. 그리고 자신의 대속의 역사를 믿는 모든 사람들을 구원해주

실 뿐만 아니라 끝까지 사랑하시며 보호해 주신다고 약속해 주셨습니다.(마 28:20, 요 13:1)

구원받은 하나님의 자녀들이 모든 죄에서 자유할 수 있도록, 죄와 싸워 이기는 방법들과 하나님 아버지께 축복을 받는 자녀들의 삶이 무엇인지를 산상수훈을 통하여 구체적으로 자세하게 가르쳐 주셨습니다. 또한 하나님 나라를 위하여 헌신하는 자들에게 특별한 은사와 능력을 주셔서 그들이 스스로 죄와 싸워 이길 수 있도록 하셨습니다. 더욱이 하나님 아버지를 사랑하며 순종하는 축복의 삶이 무엇임에 대해서도 친히 모범을 보여 주셨습니다.(막 12:30).

죄는 없으시지만 육체의 몸으로 이 땅에 태어나셨기에 원죄를 가지고 태어난 사람들이 죽기까지 겪는 고통이 무엇임을 친히 경험하셨고, 그들의 고통을 불쌍히 여기셔서 그들의 고통의 짐을 대신 져주시며 위로해 주시는 역할을 담당해 주셨습니다.

이렇게 예수님께서는 사람들을 그들의 죄에서 구원하시고 하나님의 백성으로서 이 땅에서 살게 하시며, 죽은 후에는

천국에서 영원한 생명으로 살게 하시기 위한 성부 하나님의
계획을 '집행' 하셨습니다.

성령 하나님(요 14:16-17, 15:26; 롬 8:26-27)

성부 하나님께서 계획하시고 성자 예수님께서 집행하신 대
속의 사역과 하나님의 아들로서 이 땅에 오셔서 아버지께 순
종하는 본을 보여주신 사역들은, 세상의 최고로 발달한 과학
으로도, 지식으로도, 심오한 학문으로도 결코 깨달을 수 없습
니다. 또한 그것이 그렇다고 확실하게 증명할 수도 없습니다.

예수님으로 말미암아 사탄의 죄의 권세에서 구원을 받고
자유한다는 것은 죄 때문에 지옥 형벌을 받고 그곳에서 영원
히 살 수 밖에 없는 사람이, 세상에서 사는 동안 예수님을 구
세주로 영접하여 영으로 다시 탄생(거듭남)하게 되어, 다시는
사탄에게 죄 값을 지불할 필요가 없는 자유를 얻게 된 것이
고 천국에 들어갈 수 있는 선택을 받았다는 것을 말합니다.
이 사실은 세상의 어떤 것으로도 결코 설명할 수 있는 것이
아닙니다.(요 3:1-8)

하지만 예수님께서 대속의 사명을 다 마치시고 승천하신 후 보내신 보혜사 '성령 하나님'만이 사람들에게 예수 그리스도께서 온 인류를 위하여 행하신 모든 일들을 마음으로 깨닫게 하실 수 있으십니다.

또한 성경에 기록된 모든 말씀들을 각 사람의 믿음의 분량만큼 깨닫게 하시고 또한 성장할 수 있도록 돕는 일도 성령님께서 하십니다. 사람들의 눈을 열어서 영적인 것의 모든 것을 듣고 보고 느끼게 하여 순간 순간 죄를 인식하게 하고 회개할 수 있도록 도와서 죄로 말미암아 어두움에 쌓여있는 마음의 방들을 정리하게 하며, 빛(진리와 선과 하나님의 사랑과 공의가 무엇인지를 알고 행하는 삶을 살도록 인도하는 것) 가운데 살게 해주시는 일도 성령님이 하십니다.

사람들이 기도할 수 있도록 도우셔서 하나님의 뜻을 알고 행할 수 있도록 능력을 주시는 분도 성령 하나님이십니다. 혹여 사람들이 죄를 더 사랑하면 그 죄를 깨달아 회개할 수 있도록 여러가지 방법(홀로 성경을 볼 때, 스스로 믿음으로 기도할 때, 성령님이 온전히 사용하시는 사람을 통하여, 또는 자연을 통하여, 환난을 통하여)으로 빛을 비춰주시며 가르치시는 분도 성령 하나님이십니다.

또한 사람들이 워낙 이기적이고 어리석고 미련해서(하나님
에 대한 지식이 부족하고 자존심만 강해서) 자신이 하나님의 자녀라
는 권리만 주장하고 마땅히 지켜야만 하는 의무와 책임에 대
해서는 제대로 배우려 하지 않을 때, 죄를 마치 자기 주인인
것처럼 옛 사람(거듭나기 이전 사람)으로 살아가려고 할때, 성령
하나님께서는 말할 수 없는 탄식을 하시면서 그들을 위하여
기도하십니다.(롬 8:26)

그리고 성령 하나님께서는 거듭난 사람들이 하나님의 자녀
로 건전하게, 건강하게 잘 자랄 수 있도록 각 사람의 마음 속
에서 그 사람의 믿음의 수준에 따라 필요한 성경 말씀들을 깨
닫게 해주시고 가르쳐 주십니다. 언제나 빛으로 인도하시며
천국에 대한 확실한 소망을 갖게 해주시고 하나님을 사랑할
수 있는 능력을 주십니다. 죄를 이길 수 있는 능력과 자유함을
주시며, 각 사람에게 합당한 성령의 은사들을(고전 12:3-11, 31,
롬 12:3-13)주십니다. 뿐만 아니라 성부 하나님께서 기뻐하시
며 상을 주시겠다고 약속하신 성령의 열매들(갈 5:18, 22-23)
을 맺게 하시어 천국에 입성했을 때 상을 받게 하십니다.

그래서 세상에 사는 동안 거룩하신 하나님 아버지께 영광을 돌리며 살아가는 자녀들이 될 수 있도록 거듭난 자의 마음속에 내주하시면서 그들을 지켜 주시는 일을 하십니다.(요 14:16-18) 성령님께서는 우리의 마음에 감화와 감동을 주셔서 빛과 어두움을 대조시키시며 스스로 죄를 물리치고 이길 수 있도록 분별할 수 있는 능력도 주십니다.

그러나 우리가 죄를 더 사랑하여 성령님께서 깨닫게 해주시는 것들을 계속해서 불순종하게 되면 성령님께서는 사역을 멈추십니다. 그리고 조용히 지켜보시기 때문에 성령님이 자신 안에 계심을 전혀 느낄 수 없게 될 것입니다.

성령님은 모든 자연법칙을 초월함에도 불구하고 그것들과 조화를 이루어 창조, 섭리, 신적통치, 교회의 유지등을 주재하시며 모든 일을 하나님이 뜻하신 계획을 따라 삼위일체 하나님의 영원한 영광을 위하여 일하십니다. 성령님께서 우리 안에 거하시는 것과 봉사를 위해 성령님께서 우리 위에 임하시는 것은 별개임을 인식해야 합니다.

이와 같이 성령님께서는 예수님께서 친히 이루시고 모범

을 보여 주신 모든 사역들을 거듭난 사람들에게 '적용'시키시는 일을 하십니다. 그러므로 삼위일체의 하나님께서는 세 분이 독립적으로 일하시는 것이 아니라 한 계획을 위하여 한 몸으로 연관된 사역을 하시는 것입니다.

어떻습니까? 이 성 삼위일체의 하나님에 대하여 마음으로 믿어지십니까? 그렇다면 이제 본격적으로 구원로 길로 가보겠습니다.

구원의 길은 일곱개의 길로 나누어 설명하겠습니다.

3.
첫 번째 길 :
천지를 창조하신 하나님

우리가 사는 세상과 우주에는 우리 눈에 보이지는 않지만 창조주 여호와 하나님이 계시며 또한 마찬가지로 우리 눈으로는 볼 수 없지만 하나님을 대적하는 것을 목적으로 삼고 사는 사탄과 사탄이 만들어 놓은 많은 신들이 있습니다. (창조주 하나님을 제외한 신이라고 믿는 대상들)

우리가 믿고자 하는 하나님은 창세기 1장 1절의 "태초의 하나님이 천지를 창조하시니라"라고 말씀하시는 천지를 창조하신 하나님이십니다. 하나님께서는 세상에 아무 것도 없을 때에 6일 동안 천지를 말씀으로 창조하셨습니다.

1) 자연을 창조하심

첫째 날(창 1:2-5)

"땅이 혼돈하고 공허하며 흑암이 깊음 위에 있고 하나님의 영은 수면 위에 운행하시니라 하나님이 이르시되 빛이 있으라 하시니 빛이 있었고 빛이 하나님 보시기에 좋았더라 하나님이 빛과 어 두움을 나누사 하나님이 빛을 낮이라 부르시고 어둠을 밤이라 부르시니라 저녁이 되고 아침이 되니 이는 첫째 날이니라."

당시의 우주에는 아무 질서도 없고 오직 흑암과 물만 있는 상태에서, 하나님께서는 말씀으로 창조를 시작하셨습니다. 먼저 '빛'을 만드셨습니다. 그래서 빛과 어두움을 나누어 빛 을 낮이라 칭하시고 어두움을 밤이라 칭하셨습니다. 모든 창 조물이 일할 때와 쉴 때를 구분할 수 있는 기초를 만드신 것 입니다. 이것이 첫 번째 날의 창조이십니다.

둘째 날(창 1:6-8)

"하나님이 이르시되 물 가운데에 궁창이 있어 물과 물로 나뉘라 하시고 하나님이 궁창을 만드사 궁창 아래의 물과 궁창 위의 물로 나뉘게 하시니 그대로 되니라 하나님이 궁창을 하늘이라 부르시니라 저녁이 되며 아침이 되니 이는 둘째 날이니라."

하나님께서는 이제 본격적으로 하늘에 행성들을 만드시고 특히 지구에 집중하셔서 살아 숨쉬는 모든 피조물들이 모두 평안하게 살아갈 수 있도록 아주 구체적이고 세밀하게 만드십니다. 먼저 지구 위에 하늘을 정하시고 물을 나누십니다.

하늘 아래의 물과 하늘 위 지구 위에 물로 나누셔서 태양의 열이 지구로 직접 들어 올 수 없도록 거대한 물로 된 방어벽을 중력의 힘으로 지구를 둥글게 감싸도록, 그래서 태양으로부터 지구를 보호할 수 있도록 만드셨습니다. 마치 온상처럼 추위나 더위가 전혀 없는 지구 안에 있는 모든 피조물들이 건강하게 잘 살아 갈 수 있는 최상의 기후로 만드신 것입니다. 그래서 당시의 사람들의 수명이 평균 900살을 살았고, 가장 오래 산 노아의 할아버지 므두셀라는 969세를 살았습니다.

이것이 두번째 날의 창조이십니다.

창조물들의 증거 찾기

저는 제 눈으로 뵐 수 없는 하나님이시지만 살아계신 하나님이라는 말씀을 누차 들으면서 제 자신이 확실한 이해를 할 뿐 아니라 다른 사람에게도 확실히 이해할 수 있도록 도울 수 있는 방법이 무엇일까 생각하다가 세상 안에서 하나님의 창조물들의 증거를 찾기로 했습니다.

그 첫 번째 증거를 노아의 방주 사건에서 찾을 수 있었습니다. '하늘 위의 물과 하늘 아래의 물'로 나누어 졌다고 했는데 하늘 아래의 물은 바다와 땅 속의 물이라고 확인할 수 있었지만 하늘 위의 물은 어떻게 확인해야 될지 알지 못했습니다. 그러다 노아의 방주 사건에서 확인할 수 있었습니다.

"노아는 오백 세 된 후에 셈과 함과 야벳을 낳았더라 사람이 땅 위에 번성하기 시작할 때에 그들에게서 딸들이 나니 하나님의 아들들이 사람의 딸들의 아름다움을 보고 자기들이 좋아하는 모든 여자를 아내로 삼는지라 여호와께서 이르시되 나의 영이 영원히 사람과 함께 하지 아니하리니 이는 그들이 육신이 됨이라 그러나 그들의 날은 백이십 년이 되리라 하시니라⋯여호와께서 사람의 죄악이 세상에 가득함과 그의 마음으로 생각하는 모든 계획이 항상 악할 뿐임을 보시고 땅 위에 사람 지으셨음을 한탄하사 마음에 근심하시고 이르시되 내가 창조한 사람을 내가 지면에서 쓸어버리되 사람으로부터 가축과 기는 것과 공중의 새까지 그리하리니 이는 내가 그것들을 지었음을 한탄함이니라 하시니라 그러나 노아는 여호와께 은혜를 입었더라 이것이 노아의 족보니라 노아는 의인이요 당대에 완전한 자라 그는 하나님과 동행하였으며 세 아들을 낳았으니 셈과 함과 야벳이라 그 때에 온 땅이 하나님 앞에 부패하여 포악함이 땅에 가득한지라 하나님이 보신즉 땅이 부패하였으니 이는 땅에서 모든 혈육 있는 자의 행위가 부패함이었더라 하나님이 노아에게 이르시되 모든 혈육 있는 자의 포악함이 땅에 가득하므로 그 끝 날이 내 앞에 이르렀으니 내가 그들을 땅과 함께 멸하리라 너는 고페르 나무로 너를 위하여 방주를 만들되 그 안에 칸들을 막아 역청을 그 안팎에 칠하라…내가 홍수를 땅에 일으켜 무릇 생명의 기운이 있는 모든 육체를 천하에서 멸절하리니 땅에 있는 것들이 다 죽으리라 그러나 너와는 내가 내 언약을 세우리니 너는 네 아들들과 네 아내와 네 며느리들과 함께 그 방주로 들어가고…노아가 그와 같이 하여 하나님이 자기에게 명하신 대로 다 준행하였더라."(창 5:32, 6:1-3, 5-14, 17-18, 22)

당시에는 사단의 지배를 받고 사는 가인의 자손의 계통과 가인에게 살해당한 아벨 대신 주신 셋 자손의 계통의 사람들이 번성하여 살고 있었습니다. 셋 계통의 사람들은 하나님을 섬기는 사람들로서 '하나님의 말씀과 공의'를 따라 하나님의 영을 소유한 사람들이었습니다.

그런데 하나님에 대한 왜곡된 사상을 그대로 믿으면서 참 하나님을 알려고도 하지 않았던 가인 계통의 사람들이 세상에 많아졌습니다. 그들에게서 육감적으로 아름다운 딸들이 태어났으며, 그 딸들의 아름다움은 셋 계통의 아들들을 유혹하기에 충분했습니다. 셋 계통의 자손들은 그들의 아름다움에 홀려서 하나님의 아들로서의 책임감마저 잃어버리고 그녀들을 아내로 맞이했습니다. 그러다보니 셋의 계통의 사람들마저 사단의 영향권에 들어가 세상에는 사람답게 사는 진정한 사랑과 공의가 없어졌습니다. 대신 사람의 죄악이 세상에 가득하여 사람들의 마음은 더욱 이기적으로 변하고 짐승들처럼 양육강식의 법칙을 따라 살아가게 되었으며, 세상은 부패와 포악으로 가득하게 되었지요.

창조주이신 하나님께서는 사람들의 극악스럽게 타락해가

는 죄악들을 보시고 땅 위에 사람을 지으셨음을 한탄하시고 깊이 근심하시면서 사람과 육축과 땅에 기는 모든 것과 공중의 새들까지 물로써 멸절시키실 계획을 세우시게 됩니다.

방주를 만들게 하심

그리고 그렇게 타락한 환경 속에서도 하나님을 향한 믿음과 의로움을 지켰던 '노아'를 찾아가신 하나님께서는 노아에게 자신의 계획을 말씀하시면서 노아의 가족을 구원해 주시겠다며, 고페르나무로 방주를 만들라고 명령하셨습니다. 노아는 그 말씀에 순종하여 다른 사람들에게 미친 사람 취급을 당하면서도 묵묵히 100여 년 동안 그 방주를 만들게 됩니다.

당시에는 온상시대였기 때문에 노아도 사람들도 '비'라는 것을 보지 못했습니다. 사람들은 누구나 자기가 보고 느끼고 경험한 것들만 신뢰하며 믿는 경향이 있지요. 그래서 노아를 미친 사람 취급을 하면서 그가 전하는 말을 전혀 들으려 하지 않았던 것입니다.

하지만 노아는 사람들의 말에 신경을 쓰지 않고 열심히 방주를 만들었습니다. 그리고 방주가 다 완성이 되었을 때에 하나님께서는 노아와 그의 아들들과 그의 아내와 며느리들과 선택된 짐승들과 새들과 땅에 기는 모든 것들을 방주에 태우라고 말씀하시고 방주의 문을 닫게 하셨습니다.

"지금부터 칠 일이면 내가 사십 주야를 땅에 비를 내려 내가 지은 모든 생물을 지면에서 쓸어버리리라 노아가 여호와께서 자기에게 명하신 대로 다 준행하였더라 홍수가 땅에 있을 때에 노아가 육백 세라 … 노아가 육백 세 되던 해 둘째 달 곧 그 달 열이렛날이라 그 날에 큰 깊음의 샘들이 터지며 하늘의 창 문들이 열려 사십 주야를 비가 땅에 쏟아졌더라."(창 7:4-6, 11-12)

"큰 깊음의 샘들이 터지고 하늘의 창문이 열려"의 말씀에서 저는 하늘 아래의 물과 하늘 위의 물의 증거를 확실하게 찾을 수 있었습니다.

큰 깊음의 샘들이 터졌다는 것은 바다와 땅 속 깊은 곳들에서 지진과 화산들이 터져 그 속에 잠겨져 있던 물들이 땅 위로 올라오고, 지구를 둥글게 둘러쌓았던 물로 된 거대한 방어벽의 창들이 열리면서 물은 하늘 아래 지구로 40주야 쏟아지게 된 것입니다. 다시말하면 창조 전의 지구 표면과 같이 지구는 다시 한 번 완전히 물로 덮여진 현상이 된 것이지요.

그렇다면 하나님께서 왜 이 물들을 하루에 다 쏟아지게 하지 않으시고 40일 동안 내리게 하셨을까요? 아마도 하늘 위에 있는 물들을 한꺼번에 땅으로 쏟아부으셨다면 노아의 가족이 탄 방주는 쏟아지는 물의 압력을 이기지 못하고 파괴되었을 것입니다. 하나님께서는 방주 속에 있는 노아의 가족과 모든 피조물들을 보호하시기 위하여 비를 40일이라는 기간 동안 계속 내리게 하신 것입니다.

이해가 되십니까? 노아의 배는 200여일 동안 물 위를 떠다녔고 지구는 엄청난 격변기를 맞이하여 모든 생태계가 멸절되었습니다. 태양으로부터 지구를 보호하던 오존층이 파괴되어 태양의 열과 빛이 지구로 직접 들어오기 때문에 지구의 기온은 최상의 상태에서 최악의 상태로 바뀌어집니다.

"땅이 있을 동안에는 심음과 거둠과 추위와 더위와 여름과 겨울과 낮과 밤이 쉬지 아니하리라…모든 산 동물은 너희의 먹을 것이 될지라 채소 같이 내가 이것을 다 너희에게 주노라."(창 8:22, 9:3)

방주에서 내린 노아의 여덟 명의 식구는 다시 인류를 번성시키는 원천적인 축복을 하나님께로부터 받습니다. 그러나 에덴동산 때와는 달리 땅에 사는 동안 사람들은 열심히 심고 거두는 수고를 해야 하며 추위와 더위를 견디면서 살아야 한다는 것입니다. 또한 온상시대였을 때는 채소류만 먹고 살면서도 장수하던 사람들이었지만, 파괴된 생태계 안에서는 채소류만으로는 생명을 오래 유지할 수 없기 때문에 이제는 육식과 어류(물고기)도 함께 식물로 먹으라고 말씀하셨습니다.

또한 노아의 홍수 이후 사람의 생명도 급격히 단축되어 노아의 손자 시대부터 400살로 줄어들었고, 다시 200살 미만으로 살다가 모세 시대에서는 150살 전후로 단축되었고, 다윗 시대 이후부터는 보편적으로 80세 전후로 죽었다는 것입니다.(시 90:10)

노아의 홍수 때 있었던 물의 행방

우리는 여기서 다시 한번 더 의문을 가져야 합니다. 노아의 홍수 때 있었던 그 엄청난 양의 물은 다 어디로 갔을까요?

"하나님이 노아와 그와 함께 방주에 있는 모든 들짐승과 가축을 기억하사 하나님이 바람을 땅 위에 불게 하시매 물이 줄어들었고 깊음의 샘과 하늘의 창문이 닫히고 하늘에서 비가 그치매 물이 땅에서 물러가고 점점 물러가서 백오십 일 후에 줄어들고 일곱째 달 곧 그 달 열이렛날에 방주가 아라랏 산에 머물렀으며 물이 점점 줄어들어 열째 달 곧 그 달 초하룻날에 산들의 봉우리가 보였더라 사십 일이 지나서 노아가 그 방주에 낸 창문을 열고 까마귀를 내놓으매 까마귀가 물이 땅에서 마르기까지 날아 왕래하였더라."(창 8:1-6)

하나님께서는 이제 깊음의 샘과 하늘의 창문을 닫으시고 비를 그치게 하셨지만 지구 안에는 여전히 물이 가득하여 방주는 200여일 동안 떠다니고 있었습니다. 그동안 준비된 양식을 계속 먹었기 때문에 이제 얼마 남지 않았음을 하나님께서 생각하시고 준비하신 바람을 지구 안에 불게 하셔서 물이 줄어 들게 하셨습니다. 그러면서 기온은 쩍쩍 얼어붙을 수 밖에 없는 빙하기가 된 것입니다.

현재도 기상학적으로는 남위 66도(남극)와 북위 66도(북극)는 물이 결빙되는 지역입니다. 하늘의 보호막이 없어짐으로 온상시대는 끝이 났고, 지구는 지역에 따라 기온이 급강하하는 빙하기를 맞았습니다. 가장 높은 산 꼭대기서부터 물은 아래로 아래로 빠르게 내려가면서 산들이 얼어붙었고, 바람으로 인하여 물들이 남극과 북극으로 물러가면서 거대한 빙산이 되었습니다. 밑으로 빠르게 내려온 물들은 저지대를 침수시켰습니다.

해양학적으로 보면 남반부의 해류는 서쪽에서 동쪽으로 흐르면서 남극 주위로 향하고 있으며 바람 또한 같은 방향으로 우회전하고 있답니다. 북반부에서도 해류는 서쪽에서 동쪽으로 흐르면서 북극을 향하고 있으며 바람 또한 같은 방향으로 좌회전하고 있답니다. 또한 강한 저기압들은 항상 더운 지방에서 추운 지방으로 이동한다고 합니다.

그러니까 하나님께서 바람으로 물 위에 불게 하실 때 물이 남극과 북극으로 물러가면서 빙산이 만들어졌고 또 한편으로는 물이 점점 밑으로 내려가면서 바다와 가까운 저지대를 침몰시키게 된 것입니다.

직접 해양지도를 보실 기회가 있으시다면 한번 보십시요.

바다에서 가까워 침몰되었을 것으로 의심되는 수심은 10미터부터 100미터 미만이지만 실제 바다라고 여겨지는 지역들의 수심은 전부 100미터 이상이었습니다.

이해가 되시는지요? 그러니까 노아 때에 홍수의 물은 지금 지구 안에 다 있다는 것입니다.

물론 그동안 태양 열로 인하여 증발된 물의 양도 상당하겠지요. 노아의 방주도 터키의 아라랏 산 중턱에 있다고 크리스천 탐험가들이 몇 년 전에 사진을 찍어서 세상에 내보인 적이 있습니다.

하나님의 창조가 실제적이라는 사실을 이 증거들을 통해 믿을 수 있겠습니까? 계속해서 셋째 날로 넘어가겠습니다.

셋째 날(창 1:9-13)

"하나님이 이르시되 천하의 물이 한 곳으로 모이고 뭍이 드러나라 하시니 그대로 되니라 하나님이 뭍을 땅이라 부르시고 모인 물을 바다라 부르시니 하나님이 보시기에 좋았더라 하나님이 이르시되 땅은 풀과 씨 맺는 채소와 각기 종류대로 씨 가진 열매 맺는 나무를 내라 하시니 그대로 되어 땅이 풀과 각기 종류대로 씨 가진 열매 맺는 나무를 내니 하나님이 보시기에 좋아더라 저녁이 되고 아침이 되니 이는 셋째 날이니라."

하나님께서 천하의 물을 한 곳으로 모이게 하시고 땅을 드러나게 하시면서 땅과 바다의 경계를 정하셨습니다. 어떻습니까? 평상시에 바다가 넘치는 것을 보신 적이 있으신지요?

어느 바다든지 태풍으로 인한 해일이 일어나지 않는 한에는 질풍노도와 같은 파도라도 땅과 바다의 경계까지만 왔다가 다시 바다로 물러갑니다.

"바다가 그 모태에서 터져 나올 때에 문으로 그것을 가둔 자가 누구냐 그 때에 내가 구름으로 그 옷을 만들고 흑암으로 그 강보을 만들고 '한계'를 정하여 문빗장을 지르고 이르기를 네가 여기까지 오고 더 넘어오지 못하리니 네 높은 파도가 여기서 그칠지라 하였노라."(욥 38:8-9)

이 말씀은 여호와 하나님께서 욥에게 직접 말씀하시는 장면입니다. 하나님께서 직접 땅과 바다의 한계를 정하셨다는 말씀이시지요. 그래서 자연은 창조주께서 정하신대로 잘 순응하고 있습니다. 생각해 보셨습니까? 파도가 아무리 거칠게 일어난다고 해도 해변까지 오면 부서지고 다시 바다로 나간다는 사실을 이 사실을 아래의 말씀으로 다시 한번 확인할 수 있습니다.

"내가 모래를 두어 바다의 한계를 삼되 그것으로 영원한 한계를 삼고 지나치지 못하게 하였으므로 파도가 거세게 이나 그것을 이기지 못하며 뛰노나 그것을 넘지 못하느니라."(렘 5:22 중반절)

또한 하나님께서는 사람과 생명이 있는 모든 피조물들이 건강하게 먹고 살아갈 수 있도록 땅에 풀과 각기 씨 맺는 채소와 각기 종류대로 씨 가진 열매 맺는 과일나무를 만드셨습니다.

풀의 종류가 얼마나 될까요? 제가 도미니카공화국에 와서 첫 번째 지은 교회 옆에는 넓은 풀밭이 있었습니다. 그곳에는 소와 말과 염소들이 가끔 와서 풀을 뜯어 먹는 곳이기도 합니다. 어느날 교회 난간에 서서 무심코 그 짐승들을 바라보고 있는데 아! 그 짐승들이 이곳 저곳으로 옮겨 다니면서 마치 무엇을 찾는 것처럼 풀을 뜯어 먹고 있는 것이 아니겠습니까. '왜 한 곳에서 배불리 뜯어 먹으면 될텐데 이곳 저곳으로 옮겨다닐까?'라는 의문이 생겨서 빠울리노 목사한테 물어봤습니다. 그랬더니 대답인즉슨 각 동물들은 자기가 좋아하는 풀들이 있어서 그것을 찾아다니는 거라고. 그렇다면 사람 외에 생명이 있는 모든 자연들의 각기 좋아하는 풀들이 다르다면 풀의 종류는 아마도 어마어마 할 것입니다.

각기 생명이 있는 자연들이 좋아하는 풀의 종류를 다르게 하셔서 모든 피조물들이 질서있게 자신들의 먹이를 부족함 없이 먹으며 기뻐하며 살아갈 수 있게 하신 하나님 아버지는 정말 위대하신 질서의 하나님이시며 평강의 하나님이라는 사실이 느껴지지 않으십니까!

사람들은 씨 맺는 채소와 씨 가진 열매 맺는 나무들을 농사 지어서 먹을 거리로 준비할 수 있지만, 농사를 지을 수 없는 모든 생명들을 위하여는 하나님께서 땅이 있는 곳은 어디든지 풀들이 나게 하셨습니다. 어느 누구도 풀씨를 땅에다

뿌린 적이 없는데도 살아 있는 땅이 있는 곳에는 어느 곳이든 풀이 납니다. 그래서 아스팔트 틈새에도 풀들이 돋아나 성장하는 것들을 우리가 볼 수 있었던 것입니다. 누가 이렇게 하셨다고 생각하십니까? 세상을 창조하신 분이 여호와 하나님이시라는 것을 마음으로 동의 하실 수 있으시겠습니까?

넷째 날(창 1:14-19)

"하나님이 이르시되 하늘과 궁창에 광명체들이 있어 낮과 밤을 나뉘게하고 그것들로 징조와 계절과 날과 해를 이루게 하라 또 광명체들이 하늘의 궁창에 있어 땅을 비추라 하시니 그대로 되니라 하나님이 두 큰 광명체를 만드사 큰 광명체로 낮을 주관하게 하시고 작은 광명체로 밤을 주관하게 하시며 또 별들을 만드시고 하나님이 그것들을 하늘의 궁창에 두어 땅을 비추게 하시며 낮과 밤을 주관하게 하시고 빛과 어둠을 나뉘게 하시니 하나님이 보시기에 좋았더라 저녁이 되며 아침이 되니 이는 넷째 날이니라."

하나님께서는 넷째 날에 하늘에 두 광명 즉, 해와 달과 별을 만드셨습니다. 그래서 큰 광명인 해로 낮 동안 비추게 하

시고 작은 광명인 달로 밤을 비추게 하셨습니다. 달은 해와
는 달리 그 모양이 바뀝니다. 초승달, 상현달, 보름달, 하현
달, 그믐달로 15일마다 바뀌면서 점점 빛이 작아집니다.

이 때에 만약 별이 없었다면 세상의 밤은 너무 어두워서
전혀 활동을 할 수 없을 뿐만 아니라 방향감각을 잃어버리게
되었을 것입니다.

북극성! 밤하늘을 쳐다보면 유난히 반짝거리는 별 하나가
있습니다. 지구가 돌고(시간에 1,670킬로미터로 돈답니다) 돌기에
모든 별들은 시간에 따라 계절에 따라 자리를 옮기지만 이
북극성만은 항상 그 자리에 있어서 지구촌 어느 곳에서든지
밤에도 방향을 찾을 수 있도록 등대 역할을 해주고 있습니
다. 하나님께서 사람과 모든 동물들이 낮에는 활동하고 밤에
는 쉬면서 하루 동안에 쓴 힘을 회복할 수 있도록 하루를 낮
과 밤으로 나누신 것입니다. 하지만 만드신 자연에는 야행성
동물들도 있어서 밤에만 활동을 하기 때문에 그들에게도 빛
이 필요합니다. 그래서 별들도 만드신 것이 아닐까요!

사시와 징조와 일자를 정하심

더욱이 하나님께서는 해와 달로 인하여 징조(심음의 시기와 거둠의 시기), 계절(봄, 여름, 가을, 겨울), 일자(해가 뜨고 지고, 달이 뜨고 지므로 하루가 24시간이라는 것), 연한(1년을 열두 달로)을 이루라 하셨는데, 혹시 생각해 보셨습니까? 어떻게 사람들이 1년을 열두 달로 정하였을까요?

달은 매달 정규적으로 그 형태가 변합니다. 15일이 되면 보름달이 됩니다. 그래서 달력이 없었던 시절에도 달을 보고 "아! 오늘이 며칠이구나!" 하면서 날이 가고 달이 가는 것을 사람들은 직감하고 농사를 지으며 살았습니다. 그러면 정월 대보름이라는 말을 들어 보셨지요!

그 달의 보름달은 다른 열한 달의 보름달보다 커서 대보름 달이라고 하는데 이 달을 1월 달이라 하고 12번이 지나면 다시 대보름달이 뜨기 때문에 1년을 12달로 정할 수 있었을 것입니다.

이렇게 하나님께서는 사람들과 다른 피조물들이 하나님께

서 만드신 자연의 절기를 보면서 심을 때가 있으면 거둘 때가 있고, 낳을 때가 있으면 죽을 때가 있다는 것을 모든 피조물들에게 알 수 있게 하시므로 살아가는 동안 자연의 질서 안에서 안정된 삶을 살아갈 수 있도록 하셨다는 것입니다.

성 삼위일체의 하나님이 창조주이시라는 사실이 믿어지십니까?

다섯째 날(창 1:20-23)

"하나님이 이르시되 물들은 생물을 번성하게 하라 땅 위 하늘의 궁창에는 새가 날으라 하시고 하나님이 큰 바다 짐승들과 물에서 번성하여 움직일 수 있는 모든 생물을 그 종류대로 날개 있는 모든 새를 그 종류대로 창조하시니 하나님이 보시기에 좋았더라. 하나님이 그들에게 복을 주시며 이르시되 생육하고 번성하여 여러 바닷물에 충만하라 새들도 땅에 번성하라 하시니라 저녁이 되고 아침이 되니 이는 다섯째 날이니라."

하나님께서는 이 날에 바다 속에서 살게 되는 큰 물고기들과 작은 물고기들과 여러 생물들까지 그 모든 것들을 그 종류대로, 땅 위 하늘에 날아다니며 살게 되는 모든 새들을 그 종류대로 만들셨습니다.

생각해 보셨어요? 왜 하나님께서는 큰 물고기와 큰 새의 번식력과 작은 물고기와 작은 새의 번식력을 달리 하셨을까요?

큰 물고기와 큰 새(힘을 소유한)의 개체 수는 그리 많지 않지만 작은 물고기와 작은 새들(힘이 약한)의 개체 수는 모든 사람들이 아는 바와 같이 아주 많습니다.

사람과 식물을 제외한 작은 물고기와 새들은 잡아 먹히지 않으려면 부지런히 움직여 자신보다 힘있는 것들을 피하면서 자기 개체수를 늘려가야만 합니다. 그러니까 힘있는 자연들의 개체 수는 적게, 힘이 없는 작은 물고기의 개체수는 많아서 강한 것들과 사람들이 그렇게 잡아 먹어도 바다 속에는 여전히 물고기로 넘쳐 나게 하셨습니다. 작은 새들도 그 개체 수가 큰 새들보다 많아서 힘있는 것들에게 잡혀 먹는다해도 여전히 그 개체를 보존할 수 있게 하셨습니다.

하나님께서는 이 생물들에게 생육하고 번성하는 축복을 주셨고 생물들은 하나님의 법칙에 따라 잘 순응하고 있습니다.

여섯째 날(창 1:24-25)

"하나님이 이르시되 땅은 생물을 그 종류대로 내되 가축과 기는 것과 땅의 짐승을 종류대로 내라 하시니 그대로 되니라 하나님 이 땅의 짐승을 그 종류대로, 가축을 그 종류대로, 땅에 기는 모든 것을 그 종류대로 만드시니 하나님 보시기에 좋았더라."

하나님께서는 여섯째 날 땅 위에 살게 되는 생물을 그 종류대로 만드셨는데 육축(사람들이 기르고 먹을 수 있는 종류)과 땅에 기면서 사는 벌레들과 땅의 짐승(사람이 기를 수 없는 짐승)을 각기 그 종류대로 만드셨습니다. 그러나 이 짐승들에게는 크게 번성하는 축복을 주시지 않았기에 사람에게 해를 끼칠 수 있는 사나운 짐승들은 이 땅 위에 그리 많지 않은 것 같습니다.

이 6일 동안의 창조하심을 다시 한번 상상해 보시겠습니까. 창조주이신 하나님께서 자신의 피조물들이 안전하게 살아갈 수 있도록 너무도 완벽하게 역사하셨다는 것이 인정되시지요. 그 분의 사랑과 질서와 법칙들이 혹 느껴지시는지요!

하나님께서는 이제 자연을 향한 창조를 마무리 하신 다음 보시기에 좋았다고 말씀하셨습니다.

2) 인간을 창조하심

하나님께서는 자연의 모든 것을 다 만드신 다음에 마지막 으로 사람을 창조하셨습니다.

"하나님이 이르시되 우리의 형상을 따라 우리의 모양대로 우리 가 사람을 만들고 그들로 바다의 물고기와 하늘의 새와 가축과 온 땅과 땅에 기는 모든 것을 다스리게 하자 하시고 하나님이 자기 형상 곧 하나님의 형상대로 사람을 창조하시되 남자와 여 자를 창조하시고."(창 1:26-27)

하나님의 형상과 하나님의 모양은, 곧 영이신 하나님이 육 체로 나타나실 때에는 바로 사람의 모양으로 나타나신다는 것으로써 구세주이신 독생자 예수님께서 그 증거가 되셨습니다. 또한 사람에게는 모든 피조물보다 탁월하게 지혜롭게 하셨고 하나님처럼 자유롭게 선택할 수 있는 자유의지를 주셨다는 것을 말씀하신 것입니다. 하나님께서는 우주와 지구와 모든 자연과 사람을 창조하신 창조주이시기에 모든 것을 마음대로 하실 수 있는 온 하늘과 온 땅에 절대 주권자이십니다.

만물의 영장으로 세우심

"하나님이 그들에게 복을 주시며 하나님이 그들에게 이르시되 생육하고 번성하여 땅에 충만하라 땅을 정복하라 바다의 물고기와 하늘의 새와 땅에 움직이는 모든 생물을 다스리라 하시니라 하나님이 이르시되 내가 온 지면의 씨 맺는 모든 채소와 씨가 진 열매 맺는 모든 나무를 너희에게 주노니 너희의 먹을거리가 되리라 또 이 땅의 모든 짐승과 하늘의 새와 생명이 있어 땅에 기는 모든 것에게는 내가 모든 푸른 풀을 먹을거리로 주노라 하시니 그대로 되니라 하나님이 지으신 그 모든 것을 보시니 보시기에 심히 좋았더라. 저녁이 되고 아침이 되니 이는 여섯째 날이니라."(창 1:28-31)

하나님께서 사람을 만드시고 제일 먼저 하신 일은 원천적인 복을 주시는 것이었습니다.

사람으로 생육하고 번성하여 땅에 충만할 수 있는 복을 주시고, 땅을 정복하며 바다 속에 사는 물고기들과 모든 생물들과 공중의 새와 땅에 기는 것과 움직이는 모든 것들까지 다스리는 만물의 영장의 권리와 권한을 주셨습니다. 그래서 사람은 다른 창조물과는 달리 사고력과 관찰력이 뛰어나며 모험심이 강하고 호기심이 강한 미래지향적인 정신을 소유한 창조물인 것입니다. 하나님께서는 당신이 만드신 모든 피조물을 보시며 특히 사람을 사랑하셔서 보시기에 심히 좋았다고 말씀하셨습니다.

하나님께서는 왜 그 많은 피조물 중에서 특히 사람에게만 이런 특별한 권리를 주셨을까요?

"여호와 하나님이 땅의 흙으로 사람을 지으시고 생기를 그 코에 불어 넣으시니 사람이 생령이 되니라 여호와 하나님이 동방의 에덴에 동산을 창설하시고 그 지으신 사람을 거기 두시니라."

(창 2:7-8)

하나님께서 사람을 지으실 때 먼지 같은 고운 흙을 사용하셨으므로 사람은 어떤 짐승보다 아름답게 창조되었습니다. 또한 짐승과는 달리 하나님을 알고 하나님과 직접 교통할 수 있도록 '생기'를 코에 불어 넣어 주셔서 사람에게는 '생령'(영원히 죽지 않는 영)을 소유하게 하셨습니다. 그래서 사람은 잠을 자면서 꿈을 꾸게 되고 환상을 보며 예언을 합니다.

사람은 하나님이 자신을 지으신 분이시라는 것을 마음으로도, 지적으로도 자연스럽게 압니다. 그래서 하나님께 사랑의 감정을 느낍니다. 그리고 스스로 하나님을 의지하는 의지로 하나님께 직접 순종할 수 있는 전인적인 인격을 갖추었습니다. 또한 생령으로 인하여 사람은 그 어떤 피조물보다 더욱 하나님을 의지 할 수 밖에 없는 존재이며 하나님을 떠나서는 완전한 평안과 행복을 누리지 못합니다.

사람이 진정한 행복을 누릴 수 있는 것은 생령의 역할을 증대하여 늘 하나님과 동행하면서 그 분을 찬양하고 기쁘시게 해드릴 때 비로소 사람이 추구하는 완전한 행복을 맛보게 됩니다.

사람과 짐승은 사후가 다름

여기서 우리는 반드시 알고 넘어갈 것이 있습니다.

우리가 알고 있는 모든 짐승들은 눈에 보이는대로 몸과 혼(정신) 두 가지로 만들어졌기 때문에 죽으면 그것으로 끝이 납니다. 그러나 사람은 몸과 혼과 영(생령), 세 가지로 되어 있어서 육신의 몸이 죽어도 끝이 나지 않습니다.(살전 5:23) 왜냐하면 하나님께서 코에 불어넣으신 생기, 곧 생령은 영원히 죽지 않습니다. 때문에 몸이 죽으면 두 곳(천국과 지옥)으로 나누어진 내세(죽은 다음에 사는 곳)에서 영원히 살아야만 합니다.

창조주 하나님을 믿고 그 말씀을 따라 순종하며 살아온 사람들은 사랑의 하나님께서 다스리시는 아름다운 천국에서 영원히 삽니다. 그러나 창조주 하나님을 거절하고 다른 신들을 섬기며 제멋대로 살아온 사람들은 죄의 왕 사단이 다스리는 고통의 장소인 지옥에서 영원히 살게 됩니다.(계 21:8)

3) 한 가지 법을 제정하심

"여호와 하나님이 그 사람을 이끌어 에덴 동산에 두어 그것을 경작하며 지키게 하시고 여호와 하나님이 그 사람에게 명하여 이르시되 동산 각종 나무의 열매는 네가 임의로 먹되 선악을 알게 하는 나무의 열매는 먹지 말라 네가 먹는 날에는 반드시 죽으리라 하시니라."(창 2:15-17)

하나님께서 지으신 세상은 정말로 완벽했습니다. 태양의 열로부터 지구를 보호하시기 위하여 지구 둘레에 거대한 물로 된 방어벽을 만드셔서 온상처럼 사람과 모든 자연들이 쾌적하고 건강하게 살기에 적합한 온도가 되게 하셨습니다. 특별히 에덴 동산을 만드셔서 사람이 그곳에서 아무 부족함이 없이 아름답게 살도록 각종 나무의 실과와 생명 나무(한번 먹으면 먹을 때의 그 상태로-예를 든다면 죄를 짓지 않은 상태에서 먹었다면 영원히 죄와 관계없이 사는-영원히 죽지 않게 하는 과일)와 선악을 알게하는 나무의 실과까지 만들어 놓으셨습니다.

그리고 하나님께서는 사람에게 한가지 법을 제정 하셨는데, 그것은 "선악을 알게하는 나무의 과일은 절대 먹으면 안

된다."는 것이며, 먹는 날에는 반드시 죽음의 형벌이 있음을 분명하게 말씀해 주셨습니다.

이 법을 정하신 하나님의 의도는, 처음 사람 아담에게 진정한 사랑의 관계는 '순종'이라는 것을 가르치시고자 하신 것입니다. 왜냐하면 이미 지혜도 있고 자유롭게 선택할 수 있는 의지가 있는 사람인지라 자신이 스스로 어떤 결정을 한 것에 대해서는 반드시 책임감이 따른다는 것도 알게 하신 것입니다.

아담은 그 말씀을 듣고 그의 아내인 하와에게도 전달해 주었습니다. 그런데 어느 날 하나님께 반항하며 반란을 일으킨 사단이 그들을 유혹했고, 그들은 하나님의 말씀에 불순종했습니다.

하나님께서는 만약을 대비하셨던 것입니다. 그들이 자신이 가진 자유의지로 하나님의 법을 어기며 제멋대로 할 것이라면 선악과를 따먹도록 정하신 것입니다. 혹시 생각해 보셨는지요?

선악과로 인한 시험

그들이 정말 하나님의 말씀에 불순종하여 어떤 과일을 따 먹었다고 합시다. 그들이 진정 자신이 잘못한 것을 '마음 속 깊이' 깨달을 수 있었을까요? 정말 죄의식을 깊이 느낄 수 있었을까요? 생각으로는 잘못했다는 것을 알았겠지만 아마도 가볍게 잘못했다고 시인하거나 변명을 늘어 놓을 수도 있었을 것입니다. 그러나 선과 악을 알게 하는 지혜로운 나무의 열매는 그것을 먹는 순간 자신들이 큰 죄를 지었다는 것을 '마음 속 깊이' 깨닫게 해줍니다. 죄의식을 느끼게 해준다는 것입니다. 그러므로 선악과 나무는 사람들이 죄를 지었을 때 죄의식을 갖게 하여 하나님께 진실되게 죄를 시인하게 하므로 회개하고 다시 용서받을 수 있게 하고자 하신 하나님의 사랑의 배려였던 것입니다.

만약 사람이 불순종의 죄를 저질러 놓고도 자신의 죄를 제대로 인식하지 못하여 하나님 앞에서 가볍게 행동을 했다면 공의로우신 하나님께서는 그들을 온전히 심판하실 수 없으셨을 것입니다. 뿐만 아니라 죄를 결코 용납하시지 아니하시는 거룩하신 하나님의 성품으로 보아 자기의 죄를 진지하게 시인하지 않는 사람에게 진노하셔서 그 사람을 그 자리에서 즉시 죽이실 수도 있으셨을 것입니다.

그런데도 세상의 많은 사람들은 이 사실을 제대로 생각하려 하지 않고 하나님은 전지전능하신 분이시라며 사람이 죄를 지을 줄 아시면서 왜 그곳에 선악과를 두어 사람이 죄를 짓게 만들었냐고 하나님을 비난합니다. 하나님께서는 사람과의 관계에서 사랑의 순종을 요구하셨지 어쩔 수 없는 복종을 요구하신 것이 아니기 때문입니다.

더욱이 사람이 불순종하여 하나님께서 금하신 한 가지 법을 어긴다면 선과 악을 깨닫게 해주어 자신의 자유의지로 선택한 것에 대해 스스로 책임을 지게 하는 공의로운 심판을 하시기 위한 것입니다.

4) 가정을 창조하심

"여호와 하나님이 이르시되 사람이 혼자 사는 것이 좋지 아니하니 내가 그를 위하여 돕는 배필을 지으리라 하시니라 … 여호와 하나님이 아담을 깊이 잠들게 하시니 잠들매 그가 갈빗대 하나를 취하고 살로 대신 채우시고 여호와 하나님이 아담에게서 취하신 그 갈빗대로 여자를 만드시고 그를 아담에게로 이끌어 오시니 아담이 이르되 이는 내 뼈 중의 뼈요 살 중의 살이라 이것을 남자에게서 취하였은즉 여자라 부르리라 하니라 이러므로 남자가 부모를 떠나 그의 아내와 합하여 둘이 한 몸을 이룰지로다 아담과 그의 아내 두 사람이 벌거 벗었으나 부끄러워하지 아니하니라."(창 2:18, 21-25)

하나님께서 처음 만드신 사람은 성인 남자인 아담 혼자였기 때문에 아담이 외로워하는 것을 안쓰럽게 여기신 하나님께서는 아담을 돕는 배필을 만들어 주시기 위하여 아담을 깊이 잠재우셨습니다. 그런 다음 그의 갈비뼈 하나를 떼어 살로 채우시고 성인 여자를 만드셨습니다. 그리고 아담에게 주시며 "남자가 그 부모를 떠나 그 아내된 여자와 합하여 한 몸을 이루라."고 말씀하셨습니다.

이 말씀은 곧 남자가 장성하게 되면 자기 부모에게서 독립하여 한 여자를 아내로 맞아 성 생활을 하므로 한 몸이 되라고 말씀하신 것입니다. 그러니까 사람을 향하신 자연법칙은 아담과 하와로 인하여 태어나는 자식들이 성장하면 그 부모를 떠나 자신의 가정을 이루는 것이며 그렇게 인류가 번성해 나가는 것입니다. 아담은 여자인 하와에게 완전히 반해서 "이는 내 뼈 중에 뼈요 살 중의 살이라." 하며 아주 만족해 했습니다.

왜 하필 갈비뼈였을까요? 우리는 여기서 잠시 생각해 볼 것이 있습니다. 하나님께서는 남자의 여러 뼈들 중에 다른 튼튼한 뼈도 많은데 왜 하필 조금만 충격을 받아도 다치기 쉬운 연약한 갈비뼈를 사용하시어 여자를 만드셨을까요?

갈비뼈는 옆에 있습니다. 하나님께서 여자를 만드신 목적은 남자를 옆에서 돕는 자가 되게 하시려고 만드셨기 때문에 남자의 갈비뼈를 사용하신 것입니다. 그러므로 가정들 안에서 여자가 남편의 머리가 되어 남편을 좌지우지 주장하는 것은 하나님의 섭리를 거스르는 것이기 때문에 하나님께서 아주 싫어하시며 크게 죄로 여기십니다.

더욱이 남편에게는 가정을 다스릴 수 있는 가장의 권위를 주셔서 가정의 질서를 세워 나가게 하셨습니다. 그러므로 아내가 남편을 무시하는 것은 곧 하나님을 무시하는 것과 같다고 말씀하셨습니다.

신약성경 에베소서 5장 22-24절에서 "남편 대하기를 예수님 대하듯 하라."고 하셨고, 베드로전서 3장 1절에 "아내 된 자들아 이와 같이 자기 남편에게 순복하라."고 말씀하셨습니다. 하나님께서는 이 말씀이 무시된 가정들이 회개하기를 기다리십니다.

또한 남자 입장에서 갈비뼈는 뼈 중에 약한 뼈이기 때문에 특히 다치기 쉬운 것 같이, 여자는 감성이 섬세하여 조그만 일에도 상처받을 수 있는, 매사에 다치기 쉬운 존재이니까 남자의 넓은 가슴으로 꽉 끌어안아 주어 보호하고 사랑해 주라는 의미입니다. (엡 5:25)

예수님께서 교회를 사랑하시어 자신을 죽는데 내어주신 것 같이 남편들도 그 아내를 그렇게 사랑하라고 하신 것입니다. 그럼에도 불구하고 자기 아내에게 아무런 관심도 갖지 아니하는, 가장으로서 여러 가지 책임을 다하지 않아 아내에게 상처를 주고 있는 가장이 있다면 이것도 하나님께서 죄로 여기시며 회개하기를 기다리십니다. 이 하나님의 섭리는 결코 가볍게 생각할 수 있는 섭리가 아닙니다.

남자나 여자가 그 부모를 떠나 한 몸을 이루라고 말씀하신 것은 어렸을 때는 부모의 그늘에서 그들의 가르침을 받으며 모든 것을 의탁하며 살았지만 장성한 사람이 되어 자기 인생을 스스로 책임질 수 있어 결혼을 하게 되면, 남자나 여자나 부모로부터 완전히 독립을 해야함을 말씀하신 것입니다. 그것은 곧 육체적인 독립, 정신적인 독립, 경제적인 독립을 의미합니다.

또한 이제부터는 하나님만을 전적으로 의지하고 그 말씀에 순종하여 자식을 낳고 키우며 한 가정을 이루어 가야만 한다는 것입니다. 다시 말하면 "생육하고 번성하라"는 창조주 하나님의 명령을 삶을 통하여 이루어 가는 것이지요. 그러나 아직 이 말씀을 제대로 이해하지 못하는 부모님들과 독립하기를 두려워하는 자식들과의 갈등은 인생의 많은 문제들을 일으켜 서로에게 고통을 주고 있습니다.

하나님께서는 남자에게 미래를 생각하고 준비할 수 있는

긴 안목을 주셨고 여자에게는 순간적인 안목을 주셨기 때문에 남편과 아내가 서로의 의사를 존중하면 하나님께서 주시고자 하시는 모든 축복을 받으며 살아가는 온전한 가정이 될 것입니다.

4.
두 번째 길 :
죄의 시작과 인간의 불순종

사람들은 '불순종'의 죄를 가벼운 죄로 생각하는 경향이 있지만, 이 '불순종'의 죄는 죄의 어미요, 드러난 죄의 시작입니다. 그렇다면 이 죄가 어떻게 시작되었는지 보겠습니다.

"너 아침의 아들 계명성이여 어찌 그리 하늘에서 떨어졌으며 너 열국을 엎은 자여 어찌 그리 땅에 찍혔는고 네가 네 마음에 이르기를 내가 하늘에 올라 하나님의 뭇 별 위에 내 자리를 높이리라 내가 북극 집회의 산 위에 앉으리라 가장 높은 구름에 올라가 지극히 높은 이와 같아지리라 하는도다 그러나 이제 네가 스올 곧 구덩이 맨 밑에 떨어짐을 당하리라."(사 14:12-15)

이 말씀에 아침의 아들 계명성이 나옵니다. 다른 이름은 루시퍼이지요. 이 루시퍼는 천사들 중에서도 우두머리인 천사장입니다. 하나님께 기름 부음을 받았을 때에 많은 능력을 받았을 뿐만 아니라 대단히 아름다웠다고 합니다. 루시퍼는 자신이 소유한 능력을 사용하고 싶은 야망이 컸습니다.

그래서 하나님이 지구를 만드실 때 그 지구를 자신에게 주실 것이라는 기대를 했는데, 아무 힘도 없는 사람인 아담에게 그 지구를 다스릴 권세를 주시는 것을 보고 크게 분노하여 하나님을 대적할 계획을 세웁니다. 자신도 하나님께 지음을 받은 피조물이며 하나님의 종이라는 사실을 망각한 채, 교만하게도 탐욕을 품고 하나님의 절대 주권에 반역을 준비합니다. 자신의 아름다움을 흠모하는 천사들을 자기 편으로 끌어들여 자신이 하나님이 되어 우주를 다스리며 지극히 높으신 자와 겨루겠다는 잘못된 야망을 실행합니다.

모든 사람의 중심을 보시며 모든 피조물들의 진실과 계획을 아시는 하나님께서는 루시퍼와 그를 추종하는 천사들의 반란을 진압하시고 그들을 천국에서 지금 우리가 보는 하늘, 곧 공중으로 쫓아내셨습니다. 그때 붙여주신 이름이 '사탄'입니다. 또 다른 이름으로는 귀신의 왕, 공중권세 잡는 자,

용이라는 명칭으로 성경에서 불리고 있습니다.(욥 1:6-9,엡 2:2) 따라서 타락한 천사들의 이름은 당연히 '귀신'이 됩니다. 그러면 천사의 숫자는 얼마나 될까요? 성경에서는 천천 만 만으로 말하고 있으니까 사람이 가히 계산할 수 없는 숫자가 될 것입니다.

이렇게 해서 사탄은 죄의 시조가 되어 자기숭배(자기를 높이 며 자기 멋대로 하고 싶은 것)사상과 교만과 불순종과 반항과 반역과 파괴와 합당치 못한 분노와 거짓말과 증오심이라는 죄들을 만들어 가지고, 아담과 하와에게 그리고 그의 자손 대대로 심어 놓은 것입니다.

실제적인 장소인 천국

여러분들은 천국이 정말 있을까? 생각해 보신 적이 있으신지요?

많은 사람들은 천국을 마치 성경 이야기 속에 만들어진 어떤 상상의 산물로, 가상적인 곳이 아니냐고 말합니다. 그렇게 생각할 수도 있겠지만 천국은 실제적으로 존재하는 장소입니다.

제가 예를 한번 들어보겠습니다. 저는 도미니카공화국 산토도밍고에 삽니다. 이곳의 사람들에게 제가 한국의 부산이 있다고 설명하면 이들은 가보지 않았기 때문에 그런 지역이 정말 있을까? 하고 의심할 수도 있고 대수롭지 않게 여길 수도 있습니다. 그러면 저는 세계지도에서 우리나라를 보여주고 그곳에 부산이 있다는 확신을 시켜 줄 수 있습니다. 마찬가지로 천국의 지도도 성경말씀 안에 분명히 나와 있다는 사실입니다. 함께 찾아보실까요?

"내가 그리스도 안에 있는 한 사람을 아노니 그는 십사 년 전에 셋째 하늘에 이끌려 간 자라(그가 몸 안에 있었는지 몸 밖에 있었는지 나는 모르거니와 하나님은 아시느니라) 내가 이런 사람을 아노니(그가 몸 안에 있었는지 몸 밖에 있었는지 나는 모르거니와 하나님은 아시느니라) 그가 낙원으로 이끌려 가서 말로 표현할 수 없는 말을 들었으니 사람이 가히 이르지 못할 말이로다."(고후 12:2-4)

이 말씀은 은사가 충만하던 고린도교회의 성도들이 서로 절제를 못하고 너도나도 교만에 사로잡혀 교회를 자기들 뜻대로 이끌어 가려고 혼란스럽게 만들었는데 이것을 보다 못한 사도 바울이 14년만에 비로소 자신이 천국에 갔다 온 이야기를 하는 것입니다.

여기 2절에 '셋째 하늘'이 나옵니다. 하나님의 나라는 하늘이라고 했으니 우리 머리 위가 됩니다.

첫째 하늘은 우리 눈으로 볼 수 있는 '공중'입니다. 둘째 하늘은 지구를 벗어난 '우주'이며 셋째 하늘은 그 위에 있습니다. 따라서 사탄 루시퍼는 셋째 하늘에서 우리가 보는 공중으로 쫓겨나 그곳에 자신의 둥지를 만들고 에덴동산으로 내려 온 것입니다.

에덴동산에 내려온 사탄

우리가 다 아는바와 같이 자기숭배 사상이 강하며 이기적이고 교만한 사람은 자신의 교만을 결코 깨달으려 하지 않을 뿐만 아니라 사실대로 인정하려 하지 않습니다. 이처럼 루시퍼도 자기가 교만하여 하나님을 대적하다가 천국에서 쫓겨났다고 인정하지 않았습니다. 그는 오히려 자신의 잘못된 야망을 더욱 굳건히 하고 하나님을 효과적으로 대적하기 위하여, 하나님께서 가장 사랑하시는 사람을 자기 편으로 끌어들여 지구를 다스릴 수 있는 만물의 영장의 권리를 착취하기 위한 궤계를 꾸몄습니다.

영이신 하나님께서 우리 눈에 보이지 않는 것처럼 천사도 사람의 눈에 보이지 않으므로 사탄은 어느 짐승이든 그의 몸을 빌려야만 했습니다. 그때 사탄의 눈에 띤 짐승이 바로 뱀이었습니다. 뱀은 들짐승 중에 가장 간사하고 간교하다고 성경은 말하고 있습니다. 뱀의 혀는 하나로 나오다가 두 갈래로 갈라집니다. 다시 말해서 진실과 거짓을 한 입으로 말하면서도 거짓이나 진실이나 동일하게 진실인 것처럼 말할 수 있는 능력을 가진 동물인거죠.(사실 눈은 마음의 창이라 거짓을 말할 때 눈에 힘이 없어지고 흔들립니다.)

"그런데 뱀은 여호와 하나님이 지으신 들짐승 중에 가장 간교하니라 뱀이 여자에게 물어 이르되 하나님이 참으로 너희에게 동산 모든 나무의 열매를 먹지 말라 하시더냐 여자가 뱀에게 말하되 동산 나무의 열매는 우리가 먹을 수 있으나 동산 중앙에 있는 나무의 열매는 하나님의 말씀에 너희는 먹지도 말고 만지지도 말라 너희가 죽을까 하노라 하셨느니라 뱀이 여자에게 이르되 너희가 결코 죽지 아니하리라 너희가 그것을 먹는 날에는 너희 눈이 밝아져 하나님과 같이 되어 선악을 알 줄 하나님이 아심이니라 여자가 그 나무를 본즉 먹음직도 하고 보암직도 하고 지혜롭게 할 만큼 탐스럽기도 한 나무인지라 여자가 그 열매를 따먹고 자기와 함께 있는 남편에게도 주매 그도 먹은지라."(창 3:1-6)

뱀의 몸을 입은 사탄은 에덴동산을 홀로 산책하고 있는 여자에게 다가가 말을 걸면서 하나님을 왜곡하는 질문을 합니다. "하나님이 참으로 너희더러 동산 모든 나무의 열매를 먹지 말라 하시더냐" 이 말을 들은 여자는 그 말이 진실이 아니였기 때문에 바르게 설명하려고 선악과 나무를 가리키면서 "아니 저 나무 열매만 먹지 말라 하셨고 먹는 날에는 죽을까 하노라."라고 하셨다고 말합니다.

이 대답을 기다리고 있던 사탄은 음흉한 미소를 띄우면서 은근한 말로 "절대 죽지 않는다."라고 말합니다. "하나님은 독선적이고 자기만 아는 지독한 이기주의자이기 때문에 너희들을 자기 수중에 넣고 자기 마음대로 하려고 그 열매를 못 먹게 하는 것이다. 왜냐하면 너희가 그 열매를 먹는 날에는 눈이 밝아져 하나님과 같이 될 것을 하나님이 아시기 때문에 못 먹게 할 수밖에 없었을 것이다."라는 거짓말로 하나님을 중상모략합니다.

본능을 자극하여 비교의식을 일깨우는 사탄

여기서 사탄은 "너희가 이 열매를 먹는 날에는 너희 눈이 밝아져 하나님 같이 되어"라는 말을 사용하여 하나님과 사람을 비교하는 '비교의식'을 일깨워 줍니다. 그래서 사람으로 하여금 자기의 그릇에 맞지 않는 잘못된 야망을 품게 했습니다. 이 대물림 된 '비교의식'은 우리의 매일의 삶 속에서 우리를 끊임없이 괴롭히는 작용을 하고 있습니다.

그러면서도 사탄은 하나님 앞에서 자신은 사람이 지은 죄와 전혀 관계 없다고 발뺌을 합니다. 그도 그럴것이 사탄은 사람에게 그것을 먹으라고 절대 강권하지 않았고 그 열매를 직접 따서 사람에게 준 일도 없었습니다. 다만 '먹는 날에는 (먹을 수도 있고 안 먹을 수도 있는)'이란 말을 했을 뿐이라고 말하며 아주 떳떳하게 천상의 회의에 참석합니다. 사탄은 지금도 하나님 앞에서 구원받은 하나님의 자녀들이 매일의 삶 속

에서 짓는 죄들을 일러 바치고 있습니다.(욥 1:6-12)

하나님께서 사람에게 주신 자유의지는 스스로 무엇이든지 결정할 수 있습니다. 또한 하나님께서는 사람들이 이 자유의지를 사용할 때 지켜보실 뿐 간섭하지 않으십니다. 사탄은 하나님께서 사람에게 주신 본능 중 '발전하고자 하는 본능'을 자극하여 "하나님 같이 된다."는 말로 사람의 비교의식을 깨운 것입니다. 그래서 사람이 스스로 욕심에 끌려 그 열매를 따먹을 수 있도록 유혹합니다. 사탄이 의도한대로 하와는 자기의 욕심에 끌려 하나님께서 정하신 한가지 법을 어기면서 자신의 탐욕을 채워보았지만, 생각과는 달리 하나님 같이 되기는 커녕 그것이 하나님의 법을 어긴 '불순종'의 죄를 지었다는 사실을 마음으로 즉시 알게 되었습니다. 무서움과 두려움이 몰려왔지요.

하와는 생각했습니다. "나만 죄지을 수 없지." 그래서 남편인 아담에게도 그 과일을 따서 주었습니다. 당시 하와에게 온 마음과 정신을 다 쏟고 있던 아담은 하나님께서 직접 말씀하신 "그것을 먹으면 정녕 죽는다는" 그 명령을 경홀히 여기고 하와가 주는 열매을 넙죽 받아 먹었습니다.

죄의 대가는 죽음

이제 아담과 하와는 자신들이 스스로 지은 '불순종'의 죄의 대가인 '죽음의 형벌'을 두려움에 사로잡힌 채 기다릴 수밖에 없게 되었습니다. 또한 사탄의 거짓말에 속아서 사탄의 성품을 사용했기 때문에 그 사탄의 성품을 마음 한켠에 받아들여야만 했고 만물의 영장의 권리를 사탄에게 넘겨줄 수 밖에 없게 되었습니다.

아담과 하와는 죽음에 대한 두려움과 죄를 지은 것에 대한 수치심 때문에 하나님께서 주신 내적 평강을 잃어버렸고, 무화과 나무 잎으로 치마를 만들어 앞을 가리게 됩니다.

"그들이 그 날 바람이 불 때 동산에 거니시는 여호와 하나님의 소리를 듣고 아담과 그의 아내가 여호와 하나님의 낯을 피하여 동산 나무 사이에 숨은지라 여호와 하나님이 아담을 부르시며 그에게 이르시되 네가 어디 있느냐 이르되 내가 동산에서 하나님의 소리를 듣고 내가 벗었으므로 두려워하여 숨었나이다."(창 3:8-10)

이때만 해도 저녁 서늘한 때면 하나님께서 셋째 하늘에서 에덴동산으로 내려오셔서 거니셨는데, 다른 때와 달리 아담과 하와는 자신들이 지은 죄 때문에 하나님이 두려워 그 얼굴을 피하려고 나무 뒤에 숨게 되었습니다. 모든 것을 아시는 하나님께서는 아담을 찾으시며 부르십니다. "네가 어디 있느냐"

그때에 아담이 대답합니다. "내가 동산에서 하나님의 소리를 듣고 벗었으므로 두려워서 숨었나이다"

아담은 자기들이 죄를 지었음을 간접적으로 시인합니다. 여기서 우리는 생각해 보아야 합니다. 하나님께서 아담에게 "네가 어디 있느냐"라고 부르신 뜻은 아담이 있는 장소를 몰라서 물으신 것이 아니라 죄를 지은 이 상태에서 "지금 너의 마음은 내 쪽이냐 아니면 사탄 쪽이냐"라는 의미의 질문을 하신 것이었습니다.

공의로우시며 사랑이신 용서의 하나님을 바로 인식하지 못한 아담은 하나님의 진노만을 생각하고 두려워했기 때문에 솔직히 자신의 죄를 회개하기 보다는 자기가 벗었으므로 두려워서 숨었다는 엉뚱한 대답을 합니다. 하나님께서는 결코 심증만으로는 재판을 하시지 않고 분명한 물증과 함께 심판하시는 공의로우신 하나님이십니다.

"이르시되 누가 너의 벗었음을 네게 알렸느냐 내가 네게 먹지 말라 명한 그 나무의 열매를 네가 먹었느냐 아담이 이르되 하나님이 주셔서 나와 함께 있게 하신 여자 그가 그 나무 열매를 내게 주므로 내가 먹었나이다 여호와 하나님이 여자에게 이르시되 네가 어찌하여 이렇게 하였느냐 여자가 이르되 뱀이 나를 꾀므로 내가 먹었나이다."(창 3:11-13)

이제 하나님께서는 "내가 네게 먹지 말라 명한 그 나무의 열매를 먹었느냐?" 하시면서 아담이 분명하게 자백할 수 있도록 꼭 찝어서 질문하셨습니다. 아담은 시인했지요. 그러나 비겁했습니다. "하나님이 주셔서 나와 함께 있게 하신 여자 그가 그 나무 열매를 내게 주므로 내가 먹었나이다."라고 하면서 하나님과 여자 때문에 자신이 죄를 지을 수 밖에 없었다고 합리화를 시키며, 자기가 하나님의 명령을 경홀히 여기고 스스로 먹은 것에 대한 책임을 회피해 버렸습니다.

하나님께서 사람에게 변명할 수 있는 기회를 주시는 것은, 그가 정직하고 진실하게 자신의 죄를 회개하여 용서받게 하고자 하시는 것입니다. 하지만 아담은 자신이 죄를 지었다는 것은 인정했지만 용서를 받을만한 회개는 없었습니다. 그래서 용서받을 기회를 놓쳐버리고 맙니다.

이제 하나님께서 여자에게 묻습니다. 모든 피조물 중에 사람을 제일 사랑하신 하나님께서는 공의의 하나님도 되시기 때문에 말씀하신대로 행하셔야만 했습니다. 참으로 안타까워하시며 애통해 하시는 마음으로 "네가 어찌하여 이렇게 하였느냐"라고 물으십니다. 그러자 하와도 자기의 잘못된 야망 때문에 불순종했다고 회개하는 것이 아니라 "뱀이 나를 꾀므로 내가 먹었나이다." 하며 모든 죄를 뱀에게 전가하면서 회개하여 용서 받을 수 있는 기회를 놓쳐버리고 맙니다.

용서받을 수 있는 회개란

여기에서 우리는 하나님께서 사람에게 원하시는 것이 무엇인지를 알고 가야 합니다. 그래야 우리도 용서받을 수 있는 회개를 할 수 있지 않겠습니까. 사람이 살면서 죄를 지을 수 있습니다. 모든 사람이 죄를 짓는 경위는 먼저 생각과 마음에서 무엇인가를 결정하고 그것을 그대로 몸이 행동을 합니다.

그런데 무언가 잘못되어 용서를 빌 때에 사람들은 몸이 행동한 것만 고백할 뿐 생각과 마음이 어떤 상태에서 그것을 계획하고 결정했는지에 대해서는 자백하지 않습니다. 하나님께서 들으시고자 하시는 자백은 내면에서부터 계획한 것 그리고 몸이 행동한 잘못을 인정하는 것입니다. 그러니까 그 죄를 지을 수 밖에 없었던 마음을 진실하게 자백하기를 원하셨던 것인데 사람들은 외적으로 나타난 죄의 결과만을 고백합니다.

예를 든다면, 하와가 "뱀이 나를 꾀므로 내가 먹었나이다."라는 말이 아니라 "하나님 같이 된다는 말에 욕심을 자제하지 못하고 내가 먹었나이다 용서하여 주시옵소서."라는 말과 같이 죄를 지은 책임을 자신이 지어야 합니다. 하지만 하와는 뱀에게 자기 죄를 전가시키며 합리화시켰습니다. 그래서 하나님도 완전한 용서를 하실 수 없으셨던 것입니다.

그러므로 완전한 용서를 받고 싶다면 내면의 죄부터 그리고 행함으로 지은 죄의 결과를 회개해야 합니다. 그랬을 때 하나님 아버지께서 용서하셨다라는 싸인으로 마음에 '기쁨과 평안'을 주십니다.

어떻습니까? 아담과 하와의 이 진실하지 못하고 정직하지 못한 비겁함이 우리들과 같지 않습니까?

저는 이 죄의 시작과 사람의 불순종을 공부하면서 사람은 분명히 하나님께서 만드셨다는 믿음과 확신을 갖게 되었습니다.

5.
세번째 길 :
타락으로 인하여 내리신 저주

"여호와 하나님이 뱀에게 이르시되 네가 이렇게 하였으니 네가
모든 가축과 들의 모든 짐승보다 더욱 저주를 받아 배로 다니고
살아 있는 동안 흙을 먹을지니라 내가 너로 여자와 원수가 되게
하고 네 후손도 여자의 후손과 원수가 되게 하리니 여자의 후손
은 네 머리를 상하게 할 것이요 너는 그의 발꿈치를 상하게 할 것
이니라."(창 3:14-15)

이 말씀에서 보면 하나님께서는 무서운 진노로 뱀을 저주
하셨습니다. 사탄에게 몸을 빌려주어 사람을 타락하게 만든
뱀에게는 전혀 변명할 기회도 주시지 않았습니다. "네가 이
렇게 하였으니" 너는 모든 육축과 짐승들보다 더욱 저주를
받아 배로 기어다니고 평생토록 흙을 먹고 살라는 저주를 내

리신 것입니다. 혹시 보셨습니까? 뱀이 처음 지음을 받았을 때는 걸어다니는 짐승이었습니다. 그런데 하나님의 저주를 받은 다음 배로 기어다니다 보니 발이 발달되지 못한 것입니다.

저는 이것을 확인해 보고 싶었습니다. 어느 해인가 우연히 아이들이 뱀을 잡아서 놀고 있는 것을 보고 뱀 껍질을 벗겨보았습니다. 그리고 확인했습니다. 배 쪽에 정말 다리로 보이는 자국이 있었습니다. 하나님의 말씀은 사실이었습니다.

여자의 후손

또한 "뱀의 후손과 여자의 후손이 원수가 되고"라는 말씀에서 우리는 사탄이 왜 하나님을 믿는 사람들을 끊임없이 괴롭히는지 그 원인을 찾을 수 있습니다. 여기서 나오는 여자와 여자의 후손의 비유는 교회와 예수님을 의미합니다. 더욱이 뱀은 사탄을 상징하므로 교회의 지체들인 예수님의 자녀들은 사탄과 세상이 끝나는 날까지 영원한 원수지간일 수 밖에 없다는 것입니다.

우리는 여기서 여자의 후손에 대하여 성경을 통해 분명히 확인하고 넘어가겠습니다.

"여섯째 달에 천사 가브리엘이 하나님의 보내심을 받아 갈릴리 나사렛이란 동네에 가서 다윗의 자손 요셉이라 하는 사람과 약혼한 처녀에게 이르니 그 처녀의 이름은 마리아라 그에게 들어가 이르되 은혜를 받은 자여 평안할지어다 주께서 너와 함께 하시도다 하니 처녀가 그 말을 듣고 놀라 이런 인사가 어찌함인가 생각하매 천사가 이르되 마리아여 무서워하지 말라 네가 하나님께 은혜를 입었느니라 보라 네가 잉태하여 아들을 낳으리니 그 이름을 예수라 하라 그가 큰 자가 되고 지극히 높으신 이의 아들이라 일컬어질 것이요 주 하나님께서 그 조상 다윗의 왕위를 그에게 주시리니 영원히 야곱의 집을 왕으로 다스릴 것이며 그 나라가 무궁하리라 마리아가 천사에게 말하되 나는 남자를 알지 못하니 어찌 이 일이 있으리이까 천사가 대답하여 이르되 성령이 네게 임하시고 지극히 높으신 이의 능력이 너를 덮으시리니 이러므로 나실 바 거룩한 이는 하나님의 아들이라 일컬어지리라 보라 네 친족 엘리사벳도 늙어서 아들을 배었느니라 본래 임신하지 못한다고 알려진 이가 이미 여섯 달이 되었나니 대저 하나님의 모든 말씀은 능하지 못하심이 없느니라 마리아가 이르되 주의

여종이오니 말씀대로 내게 이루어지이다 하매 천사가 떠나가니라."(눅 1:26-38)

여섯째 달이란, 예수님이 '그리스도시요 살아계신 하나님의 아들'이라는 사실을 전파해야 하는 사명을 띠고 예수님보다 6개월 먼저 세상에 태어날 침례(세례) 요한이 늙은 부인(월경이 이미 끊어진 상태) 엘리사벳의 자식으로 잉태된지 여섯째 달이 되었다는 말입니다(보편적으로 임신 6개월이란 이제 유산의 두려움이 없는 안정권에 들어가는 달입니다)

그 때에 기쁜 소식을 전하는 천사 가브리엘이 요셉과 약혼한 마리아를 찾아와 "네가 하나님께 은혜를 입었다."고 말합니다. 그러면서 "이제 네가 잉태(임신)하여 사내 아기를 낳을텐데 그 아기의 이름을 예수라 하라."면서 그는 성령으로 잉태되어 지극히 높으신 자의 아들이라 일컬음을 받을 것이며 영원히 야곱의 집에 왕 노릇 하실 것이라고 말합니다.

그러나 마리아는 그 말이 잘 이해가 되지 않았습니다. 왜냐하면 자신은 아직 결혼을 하지 않았고 그러므로 남자와 동침한 적이 없기 때문에 천사의 말이 황당하게 들렸을 뿐입니다. 천사가 다시 말합니다. "성령이 네게 임하시고 지극히 높으신 이의 능력이 너를 덮으실 것이기 때문에 네가 잉태할 수 있으며" 그 증거로 마리아의 친척인 엘리사벳이 임신을 해서 벌써 6개월이 되었다는 말로 하나님의 능력을 확인시켜 줍니다. "대저 하나님의 말씀은 능치 못하심이 없다."고 가브리엘 천사는 강조하면서 말을 마칩니다.

이 말까지 다 들은 마리아는 하나님의 말씀이 믿어졌으므로 죽음을 각오하고 결심을 합니다. (당시의 이스라엘의 법은 처녀가 임신을 하면 간음을 한 것이기 때문에 돌로 쳐 죽임을 당했습니다) 그리고 말합니다. "주의 계집 종이오니 말씀대로 이루어지시기를 원합니다."라고 고백하자 천사는 떠나가고 마리아는 임신을 하게 됩니다.

한편 약혼자 요셉은 마리아가 임신했다는 소식을 들었습니다. 그러나 그는 마리아에게 해가 되지 않도록 조용히 파혼하고자 결심했고 그때에 가브리엘 천사가 요셉의 꿈에 나타나 마리아가 임신하게 된 경위를 설명하면서 마리아와 결혼하라고 권면합니다. 요셉은 하나님을 진심으로 믿는 의인이어서 즉시 순종하여 마리아와 결혼을 했지만 예수님이 탄

생하기까지 동침하지 않았으며 마리아를 극진히 보호했습니다.(마 1:25)

모든 아기들은 남자의 정자와 여자의 난자가 결합하여 잉태되고 태어납니다. 하지만 예수님은 남자의 정자가 없이 성령님이 아기가 되셔서 마리아의 몸에 열달 동안 계시다가 자연의 법칙을 따라 사람의 아기의 모습으로 이 땅에 태어나신 것입니다. 그렇다면 예수님은 순수하게 여자가 혼자 낳은 아기가 아니겠습니까? 예수님은 죄가 있으실까요? 없으실까요? 물론 없으십니다. 예수님은 남자의 정자(죄의 씨)로 인하여 태어나신 분이 아니고 하나님의 영이신 성령으로 말미암아 태어나신 분이시기 때문에 죄가 전혀 없으신 분이 되시는 것입니다.

그럼 창세기 3장 15절로 다시 돌아가겠습니다. "너의 후손도 여자의 후손과 원수가 되게 하리니 여자의 후손은 네 머리를 상하게 할 것이요 너는 그의 발꿈치를 상하게 할 것이니라."

이 여자의 후손이 뱀의 머리를 상하게 한다는 것은 바로 재림하시는 예수님께서 사탄과 그의 추종자들 모두를 불과 유황불이 영원히 꺼지지 않는 완전한 지옥에 가두셔서 고통 속에서 세세토록 살게 하신다는 것입니다. 살았으나 산 것이 아니고 죽음보다 더 두려운 삶이 될 것입니다.

뱀은 여자의 후손의 발꿈치를 상하게 한다고 하였는데, 그 것은 예수님의 십자가의 죽으심과 삼 일 만에 부활하신다는 것을 의미합니다. 발꿈치는 상했다고 해도 다시 살아날 수 있 기 때문입니다.

그러므로 교회의 머리가 되시는 예수님과 사탄은 영원히 원수지간일 수 밖에 없습니다. 예수님께서 재림하시는 그 시 간까지 사탄은 끊임없이 예수님을 믿는 자, 다시 말하면 교 회의 지체들을 악랄하고 교활하게 유혹하며 훼방하며 괴롭 힐 것입니다. 그래서 성경은 하나님을 믿는 모든 사람들은 영광을 받기 전에 고난도 받을 것이라고 말씀하셨고, 그 고 난 속에서도 기쁨으로 모든 것을 견디어 낼 수 있는 믿음으 로 성장해야만 한다고 말씀하셨습니다.

그러면 여자에게는 어떤 저주가 내려졌을까요?

"또 여자에게 이르시되 내가 네게 임신하는 고통을 크게 더하리니 네가 수고하고 자식을 낳을 것이며 너는 남편을 원하고 남편은 너를 다스릴 것이니라." (창 3:16)

하나님께서 사람에게 생육하고 번성하라고 하시면서 복을 주셨는데 아기를 낳는 고통이 지금처럼 컸을까요? 아닐 것입니다. 하와가 죄를 지은 형벌로 아기를 낳을 때 죽음을 경험하는 그 고통을 맛보게 하셨다는 것입니다.

더욱이 만물의 영장이 죄를 지음으로, 이 저주(해산의 고통)는 모든 피조물들도 함께 받게 되었습니다. 또한 죄를 짓기 전에는 남자가 여자에게 반해서 무조건적인 사랑을 했지만 여자가 먼저 죄를 짓고 여자로 인하여 남자가 죄를 지어 하나님의 사랑에서 분리되었기 때문에, 이제는 여자를 향한 남자의 사랑이 무조건적이 아닌 조건적인 사랑으로 바뀌었다는 것입니다.

다시말하면 여자는 남편의 사랑을 사모하고 그 사랑을 받을 수 있도록 행동해야 하며 결혼 관계에서 남편은 아내를 인격적으로 부당하게 대할지라도 여자가 참아야 하는 것이 저주의 표시로 내려졌습니다.(구약에서는 일부다처제였습니다.)

그러나 예수님께서 이 땅에 오시므로 처음에 하나님께서 제정해 주신 결혼의식은 그 본 뜻대로, 한 남자와 한 여자가 하는 것임을 가르치셨고(마 5:27-28, 고전 7:1-17) 일부다처제라는 저주의 사슬을 끊어 주셨습니다. 그러나 예수님의 말씀을 온전히 알지 못하는 사람들은 아직도 대물림으로 이어지는 이 저주의 사슬(아내를 두고 외도 하는 것 포함)을 끊지 못하고 있는 것 같습니다.

남자에게는 어떤 저주를 내리셨을까요?

"아담에게 이르시되 네가 네 아내의 말을 듣고 내가 네게 먹지 말라 한 나무의 열매를 먹었은즉 땅은 너로 말미암아 저주를 받고 너는 네 평생에 수고하여야 그 소산을 먹으리라 땅이 네게 가시덤불과 엉겅퀴를 낼 것이라 네가 먹을 것은 밭의 채소인즉 네가 흙으로 돌아갈 때까지 얼굴에 땀을 흘려야 먹을 것을 먹으리니 네가 그것에서 취함을 입었음이라 너는 흙이니 흙으로 돌아갈 것이니라."(창 3:17-19)

하나님께서는 비통한 마음으로 아담에게 말씀하십니다. 내가 네게 선악과를 따먹으면 반드시 죽는다고 했는데도 불구하고 여자에게 반해서 그 여자의 말을 내 말씀보다 더 신뢰하여 그 열매를 먹었은즉 땅이 너로 인하여 저주를 받아 가시덤불과 엉겅퀴(고통이 수반되는 일)를 낼 것이다. 때문에 너는 얼굴에 땀이 흐르도록 힘들게 일해서 처와 자식들을 죽을 때까지 벌어 먹여야 한다. 그리고 육신의 몸은 한번 죽어 흙으로 돌아갈 것이다. 이것이 저주의 표시입니다.

그래서 누구든지 육신의 몸으로 태어나면 몸은 반드시 한번 죽게 되고 그후에는 심판이 있다고 성경은 말씀하고 있습니다.(히 9:27)

그러나 사람을 진정으로 사랑하신 하나님께서는 그들을 즉시 죽이시지 않으시고 아담과 하와 대신 짐승의 피로 속죄제를 받으시고 그 짐승의 가죽으로 옷을 지어 입히신 후 에덴동산에서 쫓아내셨습니다. 왜냐하면 죄를 지은 상태로 생명나무의 열매를 먹으면 하나님과 영원히 분리되어 고통 가운데 영원히 살아야 하기 때문입니다. 아담과 하와는 자기들의 죄의 대가로 고통 가운데 살다가 죽을 수 밖에 없겠지만,

그들의 자손들에게는 다시 한 번 에덴동산의 행복을 찾아주시기 위하여 하나님께서는 한 경륜을 세우시고 삼위일체의 하나님으로 역할을 나누신 것입니다.

　죄의 댓가는 오직 '죽음'이기 때문에 당분간은 양을 잡아 사람의 죄를 속죄하며 살게 하셨지만, 먼 훗날 세상에 메시야을 보내셔서 사람들의 모든 죄 값을 단번에 지불하실 계획을 세우신 것입니다.

　그 메시야가 사람들을 그들의 죄에서 구원하고 처음에 사람에게 주신 자유를 누릴 수 있도록 보호하시겠다는 예표로 가죽옷을 지어 입혀 주시므로 하나님의 사랑을 나타내 주셨습니다.

6.
네 번째의 길 :
부모에게 물려받은 죄(원죄)

아담과 하와가 하나님의 법에 불순종한 죄로 인하여 자녀
들에게 유전된 죄의 영향(원죄)은 어땠을까요?

"아담이 그의 아내 하와와 동침하매 하와가 임신하여 가인을 낳
고 이르되 내가 여호와로 말미암아 득남하였다 하니라 그가 또
가인의 아우 아벨을 낳았는데 아벨은 양치는 자였고 가인은 농
사하는 자였더라 세월이 지난 후에 가인은 땅의 소산으로 제물
을 삼아 여호와께 드렸고 아벨은 자기도 양의 첫 새끼와 그 기름
으로 드렸더니 여호와께서 아벨과 그의 제물은 받으셨으나 가인
과 그의 제물은 받지 아니하신지라 가인이 몹시 분하여 안색이
변하니 여호와께서 가인에게 이르시되 네가 분하여 함은 어찌
됨이며 안색이 변함은 어찌 됨이냐 네가 선을 행하면 어찌 낯을

들지 못하겠느냐 선을 행하지 아니하면 죄가 문에 엎드려 있느니라 죄가 너를 원하나 너는 죄를 다스릴지니라 가인이 그의 아우 아벨에게 말하고 그들이 들에 있을 때에 가인이 그의 아우 아벨을 쳐죽이니라 여호와께서 가인에게 이르시되 네 아우 아벨이 어디있느냐 그가 이르되 내가 알지 못하나이다 내가 내 아우를 지키는 자니이까 이르시되 네가 무엇을 하였느냐 네 아우의 핏소리가 땅에서부터 내게 호소하느니라." (창 4:1-10)

에덴동산에서 쫓겨난 아담과 하와는 동침을 하고 잉태하여 자식을 낳았는데 큰아들이 가인이고 작은 아들이 아벨이었습니다. 세월이 흘러 그들이 장성하여 스스로 하나님께 제사를 드리게 되었을 때 아벨은 양치는 자이었고 가인은 농사를 짓는 사람이었습니다. 이 두 사람이 각기 제물을 가지고 하나님께 속죄 제사를 드리게 되었는데 아벨은 자기의 양의 첫 새끼 중에서도 전혀 흠이 없는 양을 제물로 삼아 하나님께 드렸고 가인은 땅의 소산으로 제물을 삼아 하나님께 드렸습니다.

그런데 하나님께서 어쩐 일이신지 아벨의 제물은 받으시고 가인의 제물은 받지 않으셨습니다.

왜 그러셨을까요? 속죄 제사는 죄로 인한 죽음을 상징하는 제사이므로 반드시 짐승을 잡아 피의 제사를 드려야만 합니다. 이것이 하나님께서 정하신 법이고, 사람의 입장에서는 반드시 순종해야만 하는 선입니다.

가인은 이 사실을 알고 있었으면서도(그의 부모인 아담과 하와가 모범을 보이면서 가르쳤을테니까요.) 하나님을 단지 자신을 축복이나 해주는 인격이 없는 어떤 신들처럼 생각하고 하나님의 법을 경홀히 여긴 것입니다. 그리고 자기는 농사를 짓는 자니 자신이 지은 농산물로 정성껏 드리면 된다는 생각으로 하나님께서 직접 모범을 보여주셨고 아담이 매해 실천한 속죄 제사법을 무시한 채 제멋대로 농산물을 제물로 삼아 하나님께 드렸기 때문입니다.

그러면서도 가인은 자기 제물이 왜 열납되지 않았는지 생각하려고도 하지 않고, 오직 하나님께서 자신의 제물을 받지 않으신 것에 대해서만 원망하고 분을 내며 어쩔줄을 몰라 했습니다.

이 모습을 지켜보시던 하나님께서는 그럼에도 불구하고

가인에게 왜 그의 제물을 받지 않았는지 성실하게 설명을 해 주십니다. "네가 분내며 나를 원망하느냐! 네가 나의 정한 법대로 행하였다면 내가 네 제물을 받았을 것이고 너는 기뻐했을 것이 아니냐! 네가 내 말씀(선)대로 행하지 아니하면 죄가 네 집 문에 엎드려 있다가 네가 들어가도 죄를 짓게 하고 나가도 죄를 짓게 할 것이니라. 죄(사탄)가 너를 원하고 있느니라. 그러므로 너는 사탄이 네게 넣어주는 교만과 자기숭배를 회개하며 네 멋대로 하고 싶어 하는 충동을 억제하라."고 강권하셨습니다. 그러나 가인은 사랑의 하나님의 말씀도 듣지 아니하였을 뿐만 아니라 하나님의 사랑과 축복을 듬뿍 받고 있는 아우 아벨을 시기, 질투하다가 결국 아벨을 들에서 쳐 죽이고 아무도 보지 못하게 흙으로 묻어 버립니다. 아무도 모를 것이라고 생각하면서 말입니다.

하지만 하나님께서 가인에게 이렇게 질문하십니다.

"네 아우가 어디 있느냐?"

가인은 아주 거만하고 퉁명스럽게 "나는 아벨이 어디 있는지 알지도 못하지만 내가 뭐 아벨을 지키는 사람입니까"라고 대답하면서 교만한 태도로 하나님께 반항합니다. 그때에 하나님께서는 진노하셔서 말씀하십니다. "네가 무엇을 하였느냐? 네 아우의 핏소리가 땅에서부터 내게 호소하느니라." 하시면서 가인이 더 이상 반항할 수 없도록 증거를 제시하셨습니다.

어머니의 태중에서 받는 대물림의 죄, 원죄

우리는 여기서 깊이 생각해 보아야 합니다. 아담과 하와가 가인에게 죄를 짓도록 가르쳤을까요? 아닐 것입니다. 그렇다면 가인이 어떻게 죄 짓는 것을 알았을까요?

부모에게 물려받은 원죄 때문입니다. 아담이 아내 하와로 말미암아 죄를 지은 다음 사랑의 하나님과 분리될 수 밖에 없었던 두려움과 원망, 그 쓰라린 아픔들을 느낄 때마다 좌절하며 절망하며 자신에 대한 연민에 빠져 아내를 미워하며 이렇게 만든 뱀을 죽이고 싶었을 것입니다. 더욱이 이마에 땀이 흐르도록 고된 노동을 할 때마다 하와를 원망하면서 더욱 이기적인 사람으로 변했을 것입니다.

하와 역시 아름다운 에덴동산에서 쫓겨나게 만든 뱀을 갈 기갈기 찢어죽이고 싶었을 것입니다. 모든 잘못을 자신에게 돌린 남편의 비겁함을 보고 난 하와는 마음 속으로 남편을 조롱하면서 교만했을 것입니다. 더 이상 남편은 자기가 의지 할 사람이 아니라고 스스로 자기 자신을 보호하려고 더욱 공 격적이며 이기적인 사람으로 변했을 것입니다. 또한 남편의 사랑을 의심하는, 그래서 아담과 하와의 부부 관계는 신뢰가 무너져, 사랑하는 시간보다는 원망하며 다투는 시간이 많았 을 것입니다. 이때에 가인은 잉태되었고 하와의 태중에 있는 아기는 엄마의 교만과 원망하는 마음과 자기 사랑에 빠져 있 는 것을 배웠을 것입니다.

아버지 아담의 죄의 씨로 잉태된 아기는 어머니 하와의 죄 된 생각과 마음을 배우며 느끼며 자라게 됩니다. 가인이 자 기 스스로 자신을 보호하며 자기 멋대로 하고 싶어하며, 교 만하고 이기적이며,시기 질투가 강하고 미워하며, 자기가 원 하는 것을 취하기 위해서는 상대방을 아랑곳하지 않는 이 죄 는 어머니인 하와의 뱃 속에서 이미 다 배우고 나왔던 것입 니다. 그러다보니 자라면서 사탄의 영향권에서 죄는 더 발전 되었고 거짓말하며, 살인하며, 반항하며, 하나님의 말씀을 경홀히 여기는 자로 성장하게 되었을 것입니다. 이렇게 드러난 죄의 성품이 아담과 하와에게 물려받은 죄이며, '원죄'입니다.

이해가 되시지 않습니까? 이 죄들은 바로 우리들이 일상에서 쓰고 있는 죄들이니까요. 이 죄들을 보시면서 사람을 창조하신 분은 분명히 성경에서 말씀하시는 여호와 하나님이시라는 것을 인정하실 수 있으시겠지요? 그래서 마음으로 믿어지는 것입니다.

"내가 죄악 중에서 출생하였음이여 어머니가 죄 중에 나를 잉태하였나이다 보소서 주께서는 중심의 진실함을 원하시오니 내게 지혜를 은밀히 가르치시리이다."(시 51:5-6)

이 말씀은 역사적으로도 유명한 이스라엘의 두 번째 왕이었던 다윗 왕이 자신의 원죄를 시인하는 장면입니다. 그는 온 이스라엘에서 공과 의를 행하는 왕으로서 인정받는 사람입니다. 그런데 감추고 싶었던 밧세바와의 불륜이 그녀의 임신으로 말미암아 드러날 수 밖에 없게 되니까 밧세바의 남편 우리아에게 아내와 동침하도록 휴가를 주었는데 우리아는 충신인지라 왕의 소원대로 하지 않았습니다. 그래서 할 수 없이 음모를 꾸미며 우리아를 일부러 전쟁에 내보내 죽게 합니다.

그 후 밧세바와 정식으로 결혼하여 자기가 간음한 것을 감추려고 했습니다. 그 소행을 계속 지켜보시던 하나님께서 나단 선지자를 다윗 왕에게 보내셔서 그 죄를 밝히셨습니다.(십계명 중, 열 번째 계명과 일곱 번째 계명과 여섯 번째 계명을 어김으로 사단에게 하나님을 공격할 수 있는 기회를 주었다는 것을 말입니다.)

그때에 다윗 왕이 회개하는 장면인데 얼마나 철저하게 회개를 했느냐면 자기는 어머니가 자신을 잉태했을 때에 벌써 죄인이었고, 자신이 태어날 때도 죄가 많은 세상에 태어났으므로 자기는 근본적으로 죄인이라는 사실을 시인합니다. 하나님께서는 이 다윗 왕의 진실한 회개를 받으시고 용서하셔서 바로 죽이시지는 않았지만 공의로우신 하나님으로서의 판결은 그 죄의 대가를 다윗과 그의 자손들이 대대에 받게 하셨습니다.

자, 어떻습니까? 지구상에 있는 모든 사람들은 아담과 하와의 자손이라는 것을 믿으실 수 있으시겠습니까? 진화론자처럼 원숭이가 진화해서 지금의 사람이 되었다는 허무맹랑한 말들 때문에 아직도 혼동이 되시는지요?

만약에 자신이 아담과 하와의 자손이라고 생각하신다면 우리 모두는 '원죄'가 있다는 것을 받아들여야 합니다. 그러면 이 원죄를 가지고 태어난 사람들이 세상을 살면서 죄를 짓지 않고 살아 갈 수 있을까요?

7.
다섯 번째 길 :
살면서 짓는 죄(자범죄)와 구원의 길

"또한 그들이 마음에 하나님 두기를 싫어하매 하나님께서 그들을 그 상실한 마음대로 내버려두사 합당하지 못한 일을 하게 하셨으니 곧 모든 불의, 추악, 탐욕, 악의가 가득한 자요, 시기, 살인, 분쟁, 사기, 악독이 가득한 자요, 수근수근 하는 자요, 비방하는 자요, 하나님께서 미워하시는 자요, 능욕하는 자요, 교만한 자요, 자랑하는 자요, 악을 도모하는 자요, 부모를 거역하는 자요, 우매한 자요, 배약하는 자요, 무정한 자요, 무자비한 자라 그들이 이같은 일을 행하는 자는 사형에 해당한다고 하나님께서 정하심을 알고도 자기들만 행할 뿐만 아니라 또한 그런 일을 행하는 자들을 옳다 하느니라."(롬 1:28-32)

지구촌에 사는 모든 사람들은 창조주이신 하나님으로부터

지음을 받았으면서도 조상에게 물려 받은 죄와 자신이 스스로 터득한 죄를 더욱 사랑하여 마음으로 하나님을 믿으려 하지 않고 그의 말씀 듣기를 싫어합니다. 때문에 하나님께서도 그들이 그 상실한 마음(죄의 영향을 그대로 받고 사는 삶, 하나님께서 주시는 사랑을 받으며 선을 행함으로 얻을 수 있는 진정한 평안과 행복을 맛보지 못하는 마음의 상태)대로 버려주신다고 하셨습니다. 다시 말하면 사람들이 자기의 생명의 주인이신 창조주를 인정하지 않고 자기가 자신의 주인이라고 주장하면서 죄를 벗삼아 제멋대로 사는 것을 막아주지 않으신다는 것입니다. 때문에 이 말씀에 기록된 모든 죄악들을 평생 사용하면서 살다가 그것들을 사용한 값을 지불하기 위하여 지옥으로 가게 되고 그곳에서 영원히 살아야 한다는 것입니다.

죄의 삯과 하나님의 은사(선물)

우리 한번 생각해 볼까요? 이제까지 사는 동안 이 말씀에 있는 죄들 중에 몇 가지나 사용하면서 살았을까요? (대부분 다라고 말씀하시더라구요) 그렇습니다. 거의 다 해당이 됩니다.

그래서 로마서 3장 23절에서 "모든 사람이 죄를 범하였으매 하나님의 영광에 이르지 못하더니"라고 말씀하셨습니다. 여자의 후손으로 태어나신 예수 그리스도를 제외한 지구 상에 태어난 모든 사람들은 다 죄인입니다. 하지만 하나님께서는 사람들을 불쌍히 여기셨고 그들을 구원하실 거룩한 경륜을 이루셨습니다.

로마서 3장 24절을 보면 "그리스도 예수 안에 있는 구속으로 말미암아 하나님의 은혜로 값없이 의롭다 하심을 얻은 자 되었느니라"는 말씀으로 하나님께서는 사람들을 그들의 죄에서 구원하시고자 하십니다.

하나님께서 정하신 법에 따라 사탄의 요구대로 오직 하나뿐인 외아들 예수 그리스도(하나님 자신이심)를 사람들의 죄의 값으로 대신 십자가에 못 박아 죽게 하셨습니다. 그리고 사람들에게 이 사실(복음)을 알게 하시는 은혜를 내려주셨습니다.

그러므로 1) 자기가 죄인 것을 깨닫고 2) 예수님께서 그 죄 때문에 대신 죽으셨다는 것을(피값을 지불하심) 믿고 3) 자기 죄를 진실되게 회개하며 4) 그 죄들을 예수님께 맡기며 용서를 빌고(하나님 앞에서 지금까지 살아온 삶에서 용서받을만한 아무런

공로가 없을지라도 간절하게 바라는 것) 5) 그리고 예수님께 자신의 생명과 모든 것을 그 분의 뜻대로 마음대로 주장하실 수 있도록 자기의 주권을 예수님께 드리겠다는 결심을 하고, 구세주이신 예수님을 마음에 영접한다면, 하나님께서는 아무런 대가도 요구하시지 않으시고 그 사람을 용서해주실 뿐만 아니라 의로운 자로 인정해 주셔서 거듭나게 해주실 것입니다. 그래서 영원한 생명을 소유하게 되는 것이지요.

하나님께서는 모든 사람에게 죄의 대가는 반드시 피값으로 지불되어야 한다는 사실을 분명하게 하시면서 "죄의 삯은 사망이요 하나님의 은사(선물)는 그리스도 예수 우리 주 안에 있는 영생이니라."(롬 6:23)라고 말씀하셨습니다. 다시 한번 죄의 삯의 엄중함을 알게 해 주신 것이지요. 죄의 삯은 사람들이 그렇게 좋아하는 돈으로도 안되고 세상에 있는 그 어떤 것으로도 대신 할 수 없는 오직 생명으로만 갚을 수 있습니다.

그래서 하나님께서는 성자 예수님의 역할로 이 땅에 오실 수 밖에 없으셨습니다. "우리가 아직 죄인 되었을 때에 그리스도께서 우리를 위하여 죽으심으로 하나님께서 우리에게 대한 자기의 사랑을 확증하셨느니라."(롬 5:8)

하나님께서 당신이 지으신 사람들을 사랑하신다는 것은 사람들이 제일 두려워하는 가장 긴박한 문제, 즉 죄로 인한 죽음의 문제를 해결해 주시는 것이었습니다. 왜냐하면 아담과 하와의 불순종의 죄로 인하여 모든 사람들은 사탄이 쳐놓은 죄의 올무에 걸려서 평생을 죄와 함께 살다가 결국에는 죄의 대가로 죽음(하나님과 영원히 분리되는 것)을 맞이하기 때문입니다.

모든 사람들은 자신이 원하든 원하지 않든지간에 필연적으로 부모의 죄의 씨를 받고 태어납니다. 그래서 자신들의 자유의지와는 상관없이 죄 속에서 살 수 밖에 없습니다. 원죄 때문에 모든 인류는 가련한 인생이 될 수 밖에 없고 죄 값은 반드시 지불해야 된다는 사실을 사랑의 하나님께서 불쌍히 여기셨던 것입니다.

때문에 하나님께서는 가장 사랑하시는 피조물인 사람들을 그 죄의 속박에서 자유롭게 해주시고자 독생자 예수 그리스도를 인류의 죗값으로 내놓으셨습니다. 그리고 그들의 하늘의 아버지가 되셔서 그들의 육신이 세상을 떠나는 날까지 보호하시다가 세상을 떠나는 날에는 평안과 행복이 보장된, 하나님 아버지께서 친히 다스리시는 천국으로 데리고 가신다는 것입니다.

누구도 피할 수 없는 필연적인 선택

창조주이시며 창조주이신 삼위일체의 하나님은 법을 만드신 공의로우신 하나님이십니다. 그러므로 사람이 스스로 죄를 버리고 하나님을 택할 것인지 아니면 그냥 죄를 사랑하면서 그 죄를 사용하다가 사탄에게 갈 것인지, 둘 중에 하나를 반드시 선택하도록 하셨습니다. 사람이라면 누구도 피할 수 없는 선택입니다.

이 선택은 각 사람이 스스로 해야합니다.

사탄은 인류의 죄 값을 대신하여 제물로 독생자이신 예수님을 내주겠다는 하나님의 계획에 흔쾌히 동조했습니다. 사람들이 사탄인 자신처럼 자기의 죄를 얼마나 사랑하는지 잘 알고 있었기 때문입니다. 그래서 하나님의 독생자이신 예수님만 죽이면, 자신이 온 하늘과 온 땅의 절대주권자가 될 것이라는 착각에 빠져 하나님의 조건을 수락했습니다. 사탄은 유대 지도자들의 마음을 격동시켜서 예수님을 십자가에 매달아 죽이게 했습니다.

사탄은 예수님만 죽이면 자기가 하나님이 된다는, 순간적으로 어리석고 미련한 생각에 빠져 창조주이신 하나님을 과소평가하고 흔쾌히 승락을 했는데, 제 정신을 차리고 보니은근히 두려운 마음이 들었습니다. 왜냐하면 예수님께서 살아계실 때 당신의 제자들에게 하셨던, 자신은 죽은 지 삼 일만에 부활하신다는 말씀이 뒤늦게 생각이 났기 때문입니다. 그래서 사탄은 대제사장들의 마음에 두려움을 집어넣어 요동치게 만들어 예수님의 무덤을 지킬 군사를 빌라도에게 요청하게 합니다. 그리고 삼 일 동안 무덤을 지키게 했습니다.

예수님의 부활(제자들에게 나타나심과 승천하심)

"안식일이 다 지나고 안식 후 첫날이 되려는 새벽에 막달라 마리아와 다른 마리아가 무덤을 보려고 갔더니 큰 지진이 나며 주의천사가 하늘로부터 내려와 돌을 굴려 내고 그 위에 앉았는데 그형상이 번개 같고 그 옷은 눈 같이 희거늘 지키던 자들이 그를 무서워하여 떨며 죽은 사람같이 되었더라 천사가 여자들에게 말하여 이르되 너희는 무서워하지 말라 십자가에 못 박히신 예수을 너희가 찾는 줄을 내가 아노라 그가 여기 계시지 않고 그가 말씀하시던 대로 살아나셨느니라 와서 그가 누우셨던 곳을 보라."(마 28:1-6)

예수님께서 십자가에 달려 죽으시고 부활하신 날은 안식일(토요일)이 지난 첫 날 즉, 지금의 주일(일요일)날 입니다. 아직 어둑어둑할 때 큰 지진이 나면서 천사들이 하늘에서 내려와 무덤을 막고 있던 큰 돌을 굴려버렸습니다. 그 때에 무덤을 지키고 있던 로마 군사들은 너무 놀라서 기절해 버렸지만 예수님의 장사를 제대로 치루겠다고 향료를 품에 안고 무덤을 찾아왔던 막달라 마리아, 어머니 마리아, 살로매(막 16:1-3)에게는 천사들이 말합니다. "너희는 무서워 하지 말라 십자가에 달리신 예수는 여기 계시지 않고 그가 말씀하시던 대로 살아나셨다."고 하면서 텅 빈 무덤을 보여주며 확인을 시켜주었지만, 여자들은 이 말씀을 믿을 수가 없었습니다.

그 중에 막달라 마리아는 천사들의 말이 믿어지지 않으니까 예수님의 시체를 찾겠다고 울면서 동산을 헤매고 다니다가 부활하신 예수님을 맨 처음으로 만나게 됩니다.(부활하신 예수님의 몸은 시간과 공간을 초월하는 몸이었으며 예수님을 믿고 거듭난 모든 사람들의 몸이 부활하신 예수님의 몸처럼 변화될 것이라는 것을 예수님께서 친히 보여주신 것입니다.)(빌 3:21)

한편 다른 여자들은 예수님의 열한 제자들에게 이 사실을 알렸고 이에 베드로와 요한이 무덤으로 달려갔습니다. 그리고 무덤에 도착한 두 제자는 텅 빈 무덤 안에서 예수님의 시체를 쌌던 세마포와 머리를 쌌던 수건이 함께 놓여 있지 않고 각각 다른 곳에 개켜져 있는 것을 발견합니다. 그리고 허탈한 마음으로 돌아갔습니다.

그 날 저녁(부활하신 날) 제자들은 예수님께서 부활하셨다는 사실을 믿지 못하고 여전히 의혹과 두려움에 싸여서 유대인의 눈을 피하고자 한 집에 모여 있었습니다. 문들을 꼭꼭 걸어 잠궜는데 부활하신 예수님께서 그들의 눈 앞에 서서 "평강이 너희에게 있을지어다."라고 하시지 않겠습니까! 제자들은 너무 놀라서 어찌할 줄을 모르면서도 아주 기뻤습니다.(요 20:19-20)

두 번째는 8일 후 제자들이 도마와 함께 있는 집에 나타나셨습니다. 부활하신 예수님이 첫 번째 나타나신 날 그 자리에 도마는 없었기 때문에 예수님을 보지 못했습니다. 그래서 다른 제자들이 예수님께서 부활하셔서 이곳에 오셨다는 말을 전했지만 도마는 코웃음을 쳤습니다. "어떻게 죽은 사람이 다시 살아날 수 있냐"고 그러면서 "나는 내 손가락으로 그 손에 넣어보고 내 손을 그의 옆구리에 넣어보지 아니하고는 믿을 수 없다."고 의심하며 단호하게 믿으려 하지 않는 것을 아셨던 예수님께서 그의 요구를 들어주시기 위하여 다시 나타나신 것입니다.

사랑의 예수님께서는 자신의 열한 제자들 중에 한 사람도 믿음을 잃어버리는 불쌍한 자가 없기를 바라시는 마음 때문에 도마의 요구를 그대로 들어 주셨고 그때에 도마가 감격하여 "나의 주님이시요 나의 하나님이십니다."라고 외칩니다. 그 말을 들으신 주님께서 말씀하십니다. "너는 나를 본고로 믿느냐 보지 못하고 믿는 자들은 복되도다." 하시면서 예수님의 모습을 눈으로 직접 보지는 못하지만 말씀을 그대로 믿는 자들은 복이 있다고 강력하게 말씀하셨습니다. (요 20:26-29)

그리스도인이라면 한 번쯤 생각해 보아야 합니다. 성경의 안식일은 '토요일'인데 왜 그리스도 교회들은 '일요일' 날 예배를 드리는가? 예수님께서 부활하신 다음 율법의 제사법이 변했습니다. 짐승을 잡아 드리던 제사와는 달리 예수님께서 자신의 몸으로 인류를 위하여 단번에 드리는 제사를 마치시고 부활하셨기 때문에 그리스도 교회는 이스라엘 사람들과는 달리 지금의 일요일을 주일로 정하여 예배를 드리게 된 것입니다.

세 번째는 디베랴 바다에서 제자들이 고기를 잡을 때 나타나셨습니다. 부활하신 예수님을 두 번씩이나 뵙고 교회로써 사명을 받았으면서도 제자들은 주님의 부활을 의심했는지, 세상 사람들과 똑같이 먹고 사는 문제에만 몰두하느라 디베랴 바다에서 고기를 잡고 있었을 때였습니다. 제자들을 사랑하시는 예수님께서는 그들이 밤새도록 애를 썼지만 고기를 전혀 잡지 못해 지쳐있다는 것을 아시고 아침 식사를 준비하시면서 제자들을 상기시키고자 "애들아 너희에게 고기가 있느냐"고 질문하십니다. 그리고 "그물을 배 오른편에 던지라 그리하면 잡으리라."고 말씀하십니다. 이 말씀을 들은 제자들이 그물을 배 오른편에 던졌더니 고기가 너무 많아 그물을 들 수 없을만큼 고기가 잡히는 초 자연적인 능력이 나타났습

니다.(요 21:1-6)

또한 예수님께서는 오백여 명이 모인 곳에 일시에 나타나
셨으며(고전 15:6), 40일 동안 세상에 계시다가(행 1:3), 감람산
에서 제자들이 보는 가운데 하늘로 승천하셨습니다.(행 1:9)
그리고 승천하신 예수님께서는 다시 이 땅에 오시겠다고 요한
복음 14장 1-3절의 말씀으로 약속을 해주셨습니다.

자, 이 사실! 예수님께서 십자가에서 죽으시고 삼 일 만에
부활하셨다는 것을 마음으로 믿으실 수 있으시겠습니까? 어떻
게 죽은 사람이 살아날 수 있을까요? 깊이 생각해 보세요.

예수님께서는 말씀으로 천지를 창조하신 전지전능하신 하
나님의 형상이신 분입니다. 그런 분이 자신이 말씀하신대로
살아나신다는 것은 너무도 당연한 것이 아니겠습니까?

결단의 시간

여기까지 사람들을 그들의 죄에서 구원하시고자 행하신
하나님의 복된 소식을 증거해 드렸습니다. 이제는 본인이 결

정하셔야 할 시간입니다. 지금까지 읽으시면서 들으신 모든 말씀들이 진정 마음으로 믿어지십니까? 그러면 자신이 죄인이라는 것도 인정하실 수 있으십니까? 그렇다면 예수님께서 자신의 죄도 대속해 주시기를 원하십니까?

"네가 만일 네 입으로 예수를 주로 시인하며 또 하나님께서 그를 죽은 자 가운데서 살리신 것을 네 마음에 믿으면 구원을 얻으리니 사람이 마음으로 믿어 의에 이르고 입으로 시인하여 구원에 이르느니라."(롬 10:9-10)

하나님께서는 인류를 사랑하셔서 예수님께 모든 사람의 죄를 대속하게 하셨지만 그 사실을 믿지 않는 사람들까지 구원하시겠다는 것은 아닙니다. 그래서 "네가 만일(할 수도 있고, 하지 않을 수도 있는)"이라는 말로 각자의 자유의지를 존중하시면서, 각자가 스스로 예수님이 자신의 죄를 위하여 십자가에서 죽으심으로 자신의 죄 값을 지불해 주

셨다는 것을 믿을 수 있다면, 자신의 죄를 온전히 자백하고 그 죄를 예수님 앞에 내려놓고 맡기라고 하셨습니다.

예수님께서는 죽으셨을 뿐만 아니라 삼 일 만에 죽은 자들

가운데서 하나님의 아들로 부활하셨습니다.(이제는 신성으로 행사하시는 하나님이십니다.) 이 사실을 마음으로 믿고 입으로 시인하며 그 예수님을 자신의 구세주로, 마음의 주인으로서 영접하게 되면 구원을 받게되고 거듭나게 됩니다.

이해가 되셨습니까? 그러면 이제 행동하십시요. 진심으로 구원받기를 원한다면 하나님 앞에 무릎을 꿇고 "하나님을 마음에 두기 싫어했던" 죄부터 회개하시고 마음 속에 있는 죄, 누구한테도 말하지 못한 죄, 사탄에게 영향을 받고 있는 성격적인 죄들을 생각나는대로 소리내어 자백하시면서 용서를 비십시요.

예수님께서는 사람의 마음을 누구보다 잘 아시기 때문에 사람들이 감추고 있는 은밀한 것들을 심판하시는 날이 이르기 전에 사람들이 자원하여 죄를 고백하게 하셔서 그 사람이 죄사함(용서)을 받을 수 있게 하시기를 원하십니다. 다시 말하면 죄의 올무에서 건져내셔서 자유를 주시고 지옥을 향하던 발길을 천국으로 향하게 하시는 것입니다.

용서를 받으셨다면 입으로 자신이 죄인이었음을 인정하고

예수님이 이제부터는 자신의 모든 주권을 마음대로 하실 수 있는 구세주이심을 시인하는, 예수님을 영접하는 기도를 공개적으로 하셔야 합니다. 많은 분들이 영접기도를 어떻게 해야 할지 몰라서 당황하기 때문에 영접기도를 따라 하실 수 있게 준비했습니다. 따라하시겠습니까?

"예수님, 저는 죄인인 것을 알았습니다. 그 죄로 말미암아 죽을 수 밖에 없었고 지옥으로 갈 수 밖에 없었는데 예수님께서 저의 죄 값을 대신 치르시느라 저 대신 십자가에 달려 죽으신 것을 감사드립니다. 또한 저를 살리시기 위하여 죽은 자 가운데서 삼 일 만에 살아나신 것을 믿습니다.

예수님 이제 제 마음 속에 들어오셔서 제 구세주가 되어 주시고 제 삶을 주장하여 주셔서 저의 생명의 주인이 되어 주시옵소서 이제 예수님만을 제 주인으로 모시고 살겠습니다.

예수님의 이름으로 기도드렸습니다. 아-멘"

8.
여섯 번째 길 :
구원의 확신과 거듭난 사람의 성장

진정한 영접기도가 끝나면 마음의 변화가 일어납니다. 하나님께서 자녀들에게 주시는 '기쁨과 평강'이 주체할 수 없을 만큼 마음을 주장합니다.

"영접하는 자 곧 그 이름을 믿는 자들에게는 하나님의 자녀가 되는 권세를 주셨으니 이는 혈통으로나 육정으로나 사람의 뜻으로 나지 아니하고 오직 하나님께로서 난 자들이니라."(요 1:12-13)

지금 누구를 영접하셨습니까? 네, 예수님이십니다. 그렇다면 하나님의 자녀가 되는 권세를 받으셨습니다. "예수님 내 마음에 들어오세요."라며 예수님을 영접했을 때 사람의 눈으로는 볼 수 없지만 성령님이 당신 마음 속에 들어가셨습니다. 그 증거가 말로 설명이 안되는 '기쁨과 후련함(곧 평강)'입니다. 이 사실이 '거듭났다'고 말하는 것이며, 하나님의 자녀로서의 '권세'를 받은 것입니다. 다른 말로 하면 영적인 탄생, 두번째 태어난 것입니다. 눈으로 보이는 탄생이 아니니 몸의 혈통과는 전혀 관계가 없습니다.

두번째 탄생은 사람의 정으로도 태어날 수 없고 사람의 뜻으로도 태어날 수 없습니다. 먼저 하나님의 자녀가 된 사람들이 자기 가족을 사랑하여 구원받게 해주고 싶다고 거듭날 수 있는 것이 아니라는 것입니다. 이 탄생은 오직 하나님 아버지의 은혜를 받는 자에게만 가능한 탄생입니다. 그러므로 가족을 사랑하시고 이웃을 사랑하시는 분들은 그들에게 하나님 아버지의 은혜가 임하시기를 진심을 다하여 부지런히 기도하십시오.

이제 우리는 거듭난 생명도 양식을 먹어야 하고 호흡을 해야만 죽지 않고 산다는 것을 명심해야 할 것 같습니다.

영적으로 탄생한 생명의 호흡인 기도

데살로니가전서 5장 17절에 "쉬지 말고 기도하라."고 말씀하셨습니다. 몸이 호흡을 못하면 죽거나 병이 드는 것과 같은 이치입니다. 거듭난 생명은 기도로써 하나님과 개인적인 관계를 유지하게 됩니다. 영적인 생명을 잘 자라게 하시는 분은 '하나님 아버지'이십니다. 모든 믿는 자들의 하늘의 아버지가 되시는 하나님께서는 끊임없이 성령님을 통하여 그 자녀들을 살피시고 그들이 잘 자랄 수 있도록, 또한 '하늘의 아버지'를 잘 알아갈 수 있도록 도우십니다. 하지만 기도하지 않는 자에게는 성령님이 역사하실 수 없으십니다.

거듭났다고는 해도 사람들의 마음은 여전히 '원죄와 성격적인 죄와 살아가면서 얻는 자범죄'가 존재하므로 사람들은 순간순간 성령님의 인도하심을 따라 선과 악을 분별하여 자신의 의지로 선택하면서 살아가야 합니다. 성령님이 각 사람에게 무시로 하나님의 선하신 뜻을 알게 해주시지만 특히 각 사람이 기도라는 통로를 사용할 때 하나님의 말씀과 뜻을 바르게 알 수 있는 지혜를 주십니다. 그래서 거듭난 자는 어렵고, 힘들 때, 슬프고, 괴로울 때, 즐겁고, 기쁠 때, 무슨 일을 결정할 때 하나님 아버지를 의지하며 기도하라 하신 것입니다.

기도란 하늘의 아버지 하나님의 가족으로서 아버지와 인격적인 대화를 나누는 방법이며, 전지전능하신 하나님 아버지의 뜻을 깨닫는 방법이고, 믿는 자들이 자신이 원하는 것을 받기 위하여 간절히 매달리는 방법입니다.

그러므로 기도를 하는 사람들은, 하나님 아버지의 사랑의 위로를 느낄 수도 있고, 기도를 하므로 자신의 죄를 발견하고 회개할 수도 있고, 기도를 하므로 하나님 아버지께서 자신에게 개인적으로 주시는 사명을 깨달을 수도 있으며, 기도를 하므로 자신의 필요한 것을 무엇이든지 간구할 수 있습니다.

여기서 절대 잊어버리면 안되는 기도의 요소가 있습니다.

"너희가 내 이름으로 무엇을 구하든지 내가 행하리니 이는 아버지로 하여금 아들로 말미암아 영광을 받으시게 하려 함이라 내 이름으로 무엇이든지 내게 구하면 내가 행하리라." (요 14:13-14)

세상의 모든 사람들은 하나님께서 코에 불어 넣어주신 '영'이 있기 때문에 세상에 있는 어떤 신에게든지 의지하기 위하여 기도를 해야만 한다는 것을 하나님은 아십니다. 삼위 일체의 하나님은 거룩하신 홀로 한 분이신 참 신이십니다. 이 창조주이시며 구원자이신 하나님께서 세상에 있는 어떤 신들 중에 하나처럼 취급을 당하셔도 될까요? 절대 그럴 수는 없습니다. 하나님께서는 창조주이신 하나님으로서 영광과 경배를 받으셔야 합니다.

그래서 세상의 어떤 신들을 섬기는 사람들과 예수님으로 말미암아 거듭난 사람들의 기도는 분명하게 달라야 한다는 것입니다. 또한 하나님께서는 구세주이신 예수님의 이름으로 기도하라고 말씀하셨고 그 이름으로 기도한 것만 응답하시겠다고 약속하셨습니다

예를 든다면 보편적인 기도의 방법은 1) 하나님이 어떤 분이신가를 기억하고 영광을 돌리며 감사를 드립니다. 2) 자신의 삶 속에서 잘못한 일들에 대해 용서를 빕니다. 3) 하나님의 나라의 관심사를 위하여 바라는 것을 아룁니다. 4) 자신의 개인적인 바램(소원 포함)을 이루어 주시기를 간절히 아룁니

다. 5) 아뢸 것을 다 아뢰었다면 예수님이 나의 누구임을 기억하면서 예수님의 이름으로 기도드립니다. 6) 아멘(아멘은 2번부터 4번까지 아뢴 것들이 꼭 이루어질 것을 믿습니다 라고 다시한번 확인을 하는 것입니다.) 이렇게 기도를 끝내야 합니다.

하지만 1번부터 4번까지 유창하게 기도를 잘했다고 해도 "예수님의 이름으로 기도드립니다."가 빠지면 하나님께서 그 기도에 응답할 책임이 없다고 생각하십니다.

"믿음이 없이는 하나님을 기쁘시게 하지 못하나니 하나님께 나아가는 자는 반드시 그가 계신 것과 또한 그가 자기를 찾는 자들에게 상 주시는 이심을 믿어야 할찌니라."(히 11:6)

위의 말씀은 기도하는 사람의 마음의 자세가 어떠해야 되는지에 대하여 정확하게 말씀하고 계십니다.

기도란 하나님은 살아계셔서 자신의 기도를 듣고 계신다는 믿음을 전제로 해야 한다는 것과 온 마음과 정신을 하나님께 집중하여 그의 사랑을 사모(우러러 받들고 따름)하는 마음으로 기도를 시작해야 합니다.

또한 "자기를 찾는 자에게 상주시는 이심을 믿어야 할찌니라."라는 말씀은 믿는 자들을 사랑하시는 아버지 하나님께서 '예수님의 이름으로' 구하는 모든 기도들을 때를 따라 응답해 주시므로 '상 주시는 분'이시라는 것을 실제로 믿을 수 있게 해주신다는 것입니다. 다시 말하면 기도를 들으신 하나님께서는 그 사람을 하나님의 자녀답게 바르게 세우시고자 그 사람의 기도를 하나님의 때를 따라 분명하게 응답해 주신다는 말씀이십니다.

하지만 사람마다 기도하려고 하면 그 마음에 여전히 존재하는 옛 사람의 생각과 야망들이 사탄에게 방해할 수 있는 기회를 주므로 주의가 산만해집니다. 기도를 정말 잘하고 싶지만 주의가 산만해진 정신은 '내가 지금 무엇을 기도해야 하지?' 하는 멍한 상태가 될 때가 아주 많습니다. 그때 성령님께 "제가 지금 무엇을 기도해야 할지 혼동스럽다."고 솔직하고 진실하게 아뢰면서 도움을 요청하시면 틀림없이 기도를 잘하고 마칠 수 있게 해주실 것입니다.

또한 하나님의 응답이 내려 오기 전에 사탄이 먼저 선수를 쳐서 '거짓 응답'을 보낼 수 있다는 것을 잊지 말아야 합니다. 그래서 기도하는 자는 환경을 통하여 기도의 응답이 온 것 같이 느껴진다면 그 응답이 하나님께로부터 왔는지, 사탄으로부터 왔는지를 조심스럽게 지켜보면서 성령님께 지혜를 구해야합니다.

하나님께로부터 온 응답이라면 이루어지는 과정에서 하나님께서 주신 증거인 '평안'이 있습니다. 그러나 사탄으로부터 온 거짓응답은 처음에는 기쁜데 왠지 모를 염려와 알지 못하는 근심이 마음을 덮습니다. 그래서 주님께서는 그 마음의 상태를 그대로 가지고 있지 말고(쉬지말고 기도하라) 순간순간 마음의 상태를 하나님 아버지께 아뢰며 도움을 요청하도록 말씀하신 것입니다.

대화의 형태에도 여러가지가 있듯이 기도의 형태에도 여러가지가 있습니다.

- 매일 같이 습관적으로 하는 기도로써 잔잔한 대화를 하듯 모든 예의를 갖추고 여유롭게 하는 기도가 있습니다.
- 그러나 어떤 어려움이나 긴박한 문제가 닥쳐와 하나님 아버지의 도움이 절실히 필요할 때는 하나님 아버지에

대한 예의를 다 갖추지 못하고 다만 절박한 마음으로 떼를 쓰듯 자신의 문제와 필요를 해결해 달라고 간절히 부르짖는 간구가 있습니다. 이 기도는 금식을 동반할 수도 있고, 서원을 하면서 작정하고 기도하는, 하나님께만 집중하는 시간을 갖는 기도입니다.

• 음이 달린 기도인 찬양을 통하여 무시로 힘이 있는 기도를 할 수도 있습니다.

홀로 찬양을 하면서 그 가사에 몰입한다는 것은 자신도 모르는 사이 하나님께 집중하게 되므로 힘이 있는 기도라고 말씀드린 것입니다. 특히 곡조가 있는 기도인 찬양은 귀신들에게 위협을 줄 수 있으며 그들의 접근을 막기도 합니다.

찬양에는 부르는 자의 심령을 타고 역사하는 능력이 있어서 악한 영들을 쫓으며 그들이 활동을 못하도록 막는 힘을 가지고 있습니다. 더욱 중요한 것은 전지전능하신 하나님 아버지를 기쁘시게 하며 그 이름에 온전히 영광을 돌려 드리게 된다는 것입니다.

변질되고 있는 찬양들

하지만 몇십 년 전부터 교회 안으로 사탄이 좋아하는 음악의 장르들이 들어와 성경적인 가사를 붙여 복음성가로 사용하면서 찬송가를 대신 하고 있습니다. 물론 복음성가 중에도 하나님을 기쁘시게 하는 찬양들이 많이 있지만, 곡에 있어서 전혀 찬양이라고 생각할 수 없는 곡들도 많이 있다는 것을 부인할 수 없습니다.

여러분들 생각해 보신 적이 있으십니까? 세상적인 음악의 장르에 성경적인 가사를 붙였다 해서 하나님께서 그 찬양을 기뻐하실까요? 정말 그 찬양이 사탄에게 위협을 주는 기도가 될까요? 왜 교회가 하나님께로부터 오는 능력을 잃어버리고 이렇게 타락의 길을 달리고 있을까요? 더욱이 몇 년 전에는 에큐메니컬 찬송(사라남, 살아남)이 한국에서 출판되어 그 노래들도 교회들 안에서 이미 불려지고 있습니다. 그 노래들은 우리가 믿는 전지전능하신 창조주 하나님을 찬양하는 것이 아니라 세상에 퍼져 있는 모든 종류의 신들을 하나님의 자리로 승격시켜 부르는 노래입니다.

하나님께서 말씀하셨습니다. "나는 여호와니 이는 내 이름이라 나는 내 영광을 다른 자에게 내 찬송을 우상에게 주지 아니하리라."(사 42:8) 여러분들은 어떤 찬송을 부르시겠습니까? 이제는 각 개인적으로도 어떤 찬송을 부를 것인지를 생각하고 선택해야 할 것 같습니다.

현재(2017년) 각 개인들이 가지고 있는 성경과 함께 붙어 있는 찬송가는 그래도 전능하신 하나님을 찬양하는 곡들이 대부분이지만 앞으로 새로 나오는 찬송가들은 믿을 수 없습니다.

지속적인 기도

모든 사람들은 앞에서 말한 이 세가지 형태의 기도로 하나님 아버지께 나아가게 됩니다. 하나님께서 사람의 마음에 넣어주시는 관심사와 각 개개인의 관심사와 문제들을 낱낱이 기도하게 되지요. 그 자녀들의 필요와 문제를 가장 잘 아시는 하나님은 모든 능력과 모든 지혜를 가지신 분이십니다. 이 하늘의 아버지께서는 자녀들의 기도를 들으시면서 '알았다' '안된다' '기다려라'로 응답해 주십니다.

하지만 사람들은 자신이 기도하면 사랑의 하나님께서는 무조건 '알았다'로 응답하셔야 한다라는 착각에 빠져 있는 것 같습니다. 그래서 겁도 없이 자신의 기도대로 응답해 주시지 않는다고 하나님 아버지를 의심하고 원망하며 불평을 합니다. 그러면서 서서히 기도하는 것을 잊어버립니다. 그러면 기도하라는 명령을 불순종하게 되므로 자신도 모르는 사이 구원의 확신이 없어집니다.

사람이 호흡을 제대로 못하면 병이 들거나 죽는 것처럼 영적 생명도 마찬가지 입니다. 몸에 병이 들면 병원이라는 곳을 찾아가 도움을 받고 약을 먹는 것처럼, 영적인 병(구원의 확신이 없어지고, 기도하기 싫어지는 것)도 치료를 받아야 하는데, 그것은 바로 기도로 하나님 아버지 앞에 나아가 자신의 불쌍한 상황과 의심하고 원망하고 불평했던 것들을 회개하며 용서를 비는 것입니다.

용서를 받았을 때 병이 치료되며 다시 하나님의 자녀로서의 평안을 누리게 됩니다. 그러나 자신이 무언가 병이 들었다는 것을 인식하면서도 회개하지 않으면 죽음과 맞먹는 고통을 느끼는 징계를 당하게 될 수도 있다는 것입니다.

몸이 호흡을 제대로 못하면 가슴이 답답하고 죽을 것 같은 느낌을 받는 것처럼, 기도라는 영적인 생명의 호흡도 제대로 하지 않으면, 보편적으로 삶의 의욕을 상실하게 되고 주님께서 주시는 기쁨과 평안을 잃어버리게 되니까 소망보다는 이유없는 낙심과 절망을 맛보게 됩니다.

물론 그렇다고 새생명이 바로 죽는 것은 아닙니다. 긍휼의 하나님 아버지께서는 성령님을 통하여 그런 자녀들이 다시 영적인 힘을 얻을 수 있도록 여러 가지 방법으로 그 사람이 자신의 처지를 깨달을 수 있도록 은혜를 주십니다.

하지만 깨달아 회개하기까지 영이 죽은 자(하나님을 전혀 느끼지 못하는)와 같은 고통을 당하면서 살아야 한다는 것을 기억해야만 합니다. 그러므로 영적으로 거듭나 죄에서 구원받아 새생명으로 태어나신 분들은 열심히 기도하시면서 정상적인 영적 성장을 하시는 분들이 되시기를 기도합니다.

영적으로 탄생한 생명의 양식인 성경

"모든 성경은 하나님의 감동으로 된 것으로 교훈과 책망과 바르게 함과 의로 교육하기에 유익하니 이는 하나님의 사람으로 온전하게 하며 모든 선한 일을 행할 능력을 갖추게 하려 함이라."(딤전 3:16-17)

이 말씀은 성경이 쓰여진 목적을 정확하게 말씀하고 있습니다. 모든 성경은 하나님의 감동을 입은 하나님의 종들에 의해서 쓰여졌습니다. 사람의 눈으로는 볼 수 없는 '하나님의 나라'와 '그 나라의 백성'이 된 거듭난 하나님 자녀들이 이 세상 안에서 '어떻게' 하늘의 아버지를 바로 알아가며, 그의 뜻을 따라 살아가야 하는지에 대해 자세하게 설명하고 있습니다.

그래서 성경에는 '교훈'을 하시기 위한 근간으로 십계명과 규례와 율례가 있고 예수님께서 친히 말씀하신 사랑의 두 계명과 산상수훈이 있어서 모든 믿는 자들이 지킬 법과 규범이 되었습니다. 그리고 이 교훈과 규범을 따르지 않는 자들을 향한 '책망'의 말씀을, 또한 매일매일 하나님의 은혜 속에서 살아갈 수 있도록 '바르게 하고' '의로 교육' 하시는 이유를 설명하셨습니다. 그것은 바로 '하나님의 사람으로 온전하게 하시기 위한' 것입니다.

이기적인 사랑이 만연한 세상 속에서 '보상 받고자 하는 마음이 없는' 이타적인 사랑을 실천하게 하여 사람들이 서로 서로 행복하고 자유롭게 살아갈 수 있도록, 또한 사람을 창조하시고 그들을 죄에서 구원해 주실 분은 오직 성경의 하나님뿐이심을 나타내셔서 아직 하나님을 모르는 사람들이 하나님을 찾아 구원 받을 수 있도록 하시기 위함입니다.

그래서 모든 믿는 사람들은 매일 매일 이 성경 말씀으로 양식을 삼는 훈련을 받아야 합니다. 먹는다는 의미는 성경을 읽을 때와 들을 때 특히 눈에 들어오는 말씀과 마음으로 느껴지는 말씀을 깊이 생각하면서 그 뜻을 마음에 새기며 그 말씀을 자신의 행동지침으로 삼는 것입니다. 이것이 맛을 음미하는 것이라 말할 수 있습니다.

또한 성경은 하나님의 사람들이 "모든 선한 일을 행할 능력을 갖추게 하려 함이라."고 하셨는데, 세상은 이미 악의 상징인 사탄이 장악하여 사람들에게 막대한 악한 영향을 끼치고 있습니다. 이때에 하늘의 아버지 하나님의 말씀을 따라 훈련된 사람들이 세상에 공의와 공평과 사랑을 실천하는 선한 일을 하도록 성경은 교과서로써 역할을 하고 있습니다.

뿐만 아니라 지구촌의 각 나라들의 형성과 각양 각색의 사람들의 삶을 예로 들어서 창조주 하나님의 사랑과 공의를 진실하게 설명해 주고 있습니다.

기도와 성경말씀을 먹는 것은 마치 기차 레일같이 항상 균형을 맞추어 가야 합니다. 기도하는데만 치우치고 말씀을 먹지 않으면 그는 건전한 지식을 갖지 못하여 사탄이 사용하는 성경말씀(사탄도 성경말씀을 이용하여 사람을 유혹합니다.)을 분별하지 못하고 사탄의 미혹에 잘 빠집니다. 그래서 "지식 없는 소원은 선하지 못하고 발이 급한 사람은 잘못 가느니라"라고 잠언 19장 2절에서 말씀하였습니다.

또한 말씀만 중요하게 여기며 기도를 하지 않는 사람은 자기가 알고 있는 하나님의 말씀을 삶에 적용할 수 있는 진정한 힘을 얻지 못하기 때문에 마치 바리새인들처럼 교만하여 자기 자신을 진실하게 볼 수 없게 됩니다. 다시 말하면 알곡이 되지 못하고 쭉정이가 됩니다. 기도없이 말씀만을 주장하는 사람들은 보편적으로 사랑을 실천할 수 있는 능력이 부족합니다. 그래서 누구든 매일 매일 몸을 위하여 호흡을 하고 음식을 먹는 것처럼 영적인 생명도 매일 매일 기도하며 성경 말씀을 먹어야 합니다. 그렇지 않으면 영적인 생명이 병이 나고 죽을 수도 있다는 것입니다.

이제 막 거듭난 사람들은 어머니 뱃속에서 갓 태어난 어린 아기와도 같아서 성경을 홀로 읽더라도 잘 이해가 안될 것입니다. 그래서 성경을 배워야 합니다.

성경을 왜곡하는 이단과 WCC(세계교회협의회)와 NCCK(한국교회협의회)에 소속되지 않은, 하나님 말씀을 진실하게 선포하는 교회에 가서 배워야 합니다. 왜냐하면 교회는 예수님께서 머리가 되시고(골 1:18 -20, 엡 1:22-23) 거듭난 사람들이 몸통을(고전 6:15)이루기 때문에 거듭난 사람들과 예수님의 관계는 결코 떨어져서는 안되는 사이이기 때문입니다. 그러므로 예수님을 알고자 하는 사람들은 교회에 등록하여 한 교회의 지체로서 생활해야 합니다. 그래야 머리에 붙어 있는 몸이 되기 때문입니다. 그렇지 않으면 머리가 없는 몸의 한 부분이 혼자 사는 모양이 될 것입니다.

예수님께서 교회에게 주신 두 가지 예식

한 교회의 지체가 된다는 것은 그 교회에서 침례(세례)를 받는 것을 말합니다. 또한 주의 만찬에 참여함으로 '새언약'을 받은 자가 되는 것입니다.

"무릇 그리스도 예수와 합하여 세례(침례)를 받은 우리는 그의 죽으심과 합하여 세례(침례)를 받은 줄을 알지 못하느냐 그러므로 우리가 그의 죽으심과 합하여 세례(침례)를 받음으로 그와 함께 장사되었나니 이는 아버지의 영광으로 말미암아 그리스도를 죽은 자 가운데서 살리심과 같이 우리도 또한 새 생명 가운데서 행하게 하려 함이라 만일 우리가 그의 죽으심과 같은 모양으로 연합한 자가 되었으면 또한 그의 부활과 같은 모양으로 연합한 자가 되리라."(롬 6:3-5)

"내가 너희에게 전한 것은 주께 받은 것이니 곧 주 예수께서 잡히시던 밤에 떡을 가지사 축사하시고 떼어 이르시되 이것은 너희를 위하는 내 몸이니 이것을 행하여 나를 기념하라 하시고 식후에 또한 그와 같이 잔을 가지시고 이르시되 이 잔은 내 피로 세운 '새 언약'이니 이것을 행하여 마실 때마다 나를 기념하라 하셨으니 너희가 떡을 먹으며 이 잔을 마실 때마다 주의 죽으심을 그가 오실 때까지 전하는 것이니라."(고전 11:23-26)

예수님께서는 자신이 머리가 되시는 교회에게 두 가지 제도를 주셨는데 그것이 위에서 말씀하신 '세례(침례)와 주의 만찬'입니다. 물에 잠김은 죽음을 상징하며 물에서 올라오는 것은 부활을 상징합니다. 또한 주께서 친히 떼어주신 빵은 사람들 대신 죽으신 예수님의 몸을 상징하며 포도주는 예수님의 피를 상징하는 새 언약의 증표입니다. 그래서 모든 거듭난 사람들은 진실한 교회를 정하고 세례(침례)를 받아야 하며 경건한 마음으로 주님의 죽으심을 상징하는 주의 만찬에 참여하여 그 사랑을 기념해야 합니다. 이것은 주께서 친히 본을 보여 주신 것으로써 주님께서 재림하시는 그 시간까지 지켜야 할 그리스도인의 의무입니다.

그러므로 교회를 정하고 세례(침례)를 받았다면 자신의 영적인 집이 정해진 것이므로 함부로 옮겨다녀서는 안되며 그곳에서 말씀에 따른 충성을 다 해야 합니다. 물론 하나님의 명령이 계실 때에는 교회를 옮길 수 있습니다. 그러나 자기 마음에 들지 않는다고 해서 교회를 옮겨다닐 수는 없다는 것입니다. 또한 매주일 교회에 갈 때에는 교회의 머리가 되시는 예수님의 지체임을 인식하고, 하나님 아버지께 온 마음과 정성을 다해 진지하게 경배하는 예배를 드리는 훈련을 해야 합니다. 그랬을 때에 하나님께서 주시는 은혜를 마음으로 느끼게 되니까 살아계신 하나님과 사랑이 깊어집니다.

네 가지 마음의 밭

"그런즉 씨 뿌리는 비유를 들으라 아무나 천국 말씀을 듣고 깨닫지 못할 때는 악한 자가 와서 그 마음에 뿌려진 것을 빼앗나니 이는 곧 길 가에 뿌려진 자요, 돌 밭에 뿌려졌다는 것은 말씀을 듣고 즉시 기쁨으로 받되 그 속에 뿌리가 없어 잠시 견디다가 말씀으로 말미암아 환난이나 박해가 일어날 때에는 곧 넘어지는 자요, 가시떨기에 뿌려졌다는 것은 말씀을 들으나 세상의 염려와 재물의 유혹에 말씀이 막혀 결실하지 못하는 자요, 좋은 땅에 뿌려졌다는 것은 말씀을 듣고 깨닫는 자니 결실하여 어떤 것은 백 배 어떤 것은 육십 배 어떤 것은 삼십 배가 되느니라 하시니라."(마 13:18-23)

이 말씀으로 사람들은 스스로 자신의 마음의 밭을 점검해 보아야 합니다. 하나님의 은혜로 복음을 듣고 그 씨(구원의 말씀)로 인하여 구원을 받았다 해도 영의 생명이 성장하는 것은 각자가 어떻게 믿고 순종하느냐에 달려있습니다. 예수님께서 4가지 밭-길밭, 돌밭, 가시밭, 좋은 밭-을 예로 드시면서 구원받은 사람의 마음을 나타내주셨습니다. 왜 이 비유로 말씀하셨을까요?

예수님께서는 사람들이 하나님의 은혜로 구원을 받았다고 해서 사탄처럼 그들의 '자유의지'를 강탈하지 않겠다는 것을 보여주신 것입니다. 믿는 자들이 스스로 자원하여 그들의 마음 속에 하나님의 뜻으로 채우기를 원하고, 매일 매일 기도하며 말씀을 읽고 들어서 하나님 아버지의 공의와 사랑을 배우며 행하므로 서로 서로 깊이 사랑하는 가운데 자라기를 바라셨던 것입니다.

이 말씀에서 생각할 수 있는 것은 각 사람마다 믿음의 관심이 다르다라는 사실입니다. 길밭처럼 말씀을 들어도 깨닫지 못하여 아예 거듭나지 못한 사람이 있는가 하면, 돌밭처럼 거듭났지만 영적으로 성장하는 것에 별로 관심을 갖지 않고 자신을 그 어느 것보다 사랑하는 어린아이 같은 믿음이 있으며, 가시밭처럼 세상 것에 더 치중하여 신경을 쓰느라 입으로는 영적 성장을 원한다면서도 성장하려 하는 어떤 노력도 하지 않는 그런 믿음이 있고, 좋은 밭처럼 영적인 생명이 정상적으로 성장하려 하여 열심히 말씀에 따른 순종과 기도에 힘쓰는 믿음이 있습니다.

당신은 어떤 믿음의 밭을 가지고 있습니까?

아! 나는 돌밭 같은데… 절망하지 마십시오. 바위를 정으로 한 조각 한 조각 떼어내어 가루를 만드는 것처럼 단단한 죄성을 회개의 눈물로 녹일 수 있습니다. 성령님께 도움을 요청하실 수 있는 열정만 있다면 그 돌은 얼마든지 가루로 만들어 좋은 밭이 될 수 있습니다. 물론 시간과 희생이 필요하겠지만요.

아! 나는 가시밭 같은데… 그렇습니다. 수많은 거듭난 하나님의 자녀들이 바로 가시밭 같은 이 믿음의 상태에 머물러 있으면서도 그 가시를 제대로 제거하려는 노력을 하지 않는다는 것입니다.

이 가시들을 제대로 제거하려면 관심과 가치관을 바꾸어야 합니다. 지금까지 세상에 한정된 삶에 온 정열을 쏟고 살았다면 이제부터는 하늘나라의 영원한 삶을 위하여 그 정열을 분산시켜야 합니다. 세상의 하루 하루의 삶은 죽은 다음 하늘나라에 들어가기 위해 준비하는 삶이라는 사실을 깊이 인식하고 살아야 합니다. 그러려면 아무리 바쁘고 힘들어도 매일 매일 밥을 먹듯이 성경 말씀을 읽고 묵상하며, 기도하므로 하나님의 뜻을 알고 순종하는 삶을 살아야 합니다. 그리고 하나님께 온전히 영광돌리는 예배를 드리는 자가 되어 매일 매일 살아간다면 이 가시들이 어느 순간부터 다 처리되어 열매를 맺는 좋은 밭으로 변하게 된 것을 느끼게 되실 것입니다.

아! 감사합니다. 부족하지만 좋은 밭인것 같습니다. 그렇군요. 좋은 밭은 늘 하나님의 영광을 위하여 그리스도인으로서의 본분인 빛과 소금으로써의 삶을 살게 되겠지요. 그래서 더 열심히 기도하며 성경 말씀 가운데 하나님의 뜻을 깨닫고 하나님을 사랑하며 하나님의 공의와 사랑을 더 깊이 알아가는 것으로 자라게 될 것입니다. "믿음이 그의 행함과 함께 일하고 행함으로 믿음을 온전하게 하는" 말씀처럼 말입니다.

하나님 아버지께서 들으시고 응답하시는 기도

"나는 기도를 잘 못해. 나도 기도를 잘 하는 사람이 되고 싶어."라고 사람들은 말합니다.

정말 기도를 잘하고 싶으십니까? 위에서 설명한 것을 생각하면서 하나님 아버지 앞에 겸손하십시오. 그리고 진실하게 자신의 문제를 자녀가 아버지에게 말하듯 존경하는 마음, 의지하는 마음, 꼭 들어 주시기를 바라는 간절한 마음으로 기도하십시오. 그러면 놀라운 체험을 하게 될 것입니다.

그리고 매일 매일 성경 말씀을 읽을뿐만 아니라 암송하여 그 말씀이 자신의 마음 속에 저장되게 하십시오. 왜냐하면 하나님 아버지께서 우리에게 응답하실 때 자신의 말씀을 가지고 응답하시기 때문입니다. 성경 말씀은 하나님 아버지를 분명하게 알게 해줍니다. 뿐만 아니라 더 깊이 알아갈 수 있도록 인도하여 줍니다. 하나님 아버지를 깊이 알아 가면 알아 갈수록 하나님 아버지에 대한 신뢰와 믿음이 커지기 때문입니다.

"네 믿음대로 되리라." 하신 예수님은 그들의 믿음에 따라 은혜와 은총을 내려 주십니다. 그런데 어떤 이들은 은사를 가진 자들만이 하나님께 응답받는 기도를 할 수 있다는 잘못된 생각을 합니다.

아닙니다. 모든 하나님의 자녀들은 하나님 아버지께 온 마음과 뜻과 정성과 힘을 다하여 기도하게 되면 비록 나타난 은사가 없다 할지라도 하나님 아버지께서 때를 따라 응답해 주십니다. 그리고 기도에 응답해 주셨다는 사실을 알 수 있게 해주십니다. 우리를 구원하시고 거듭나게 하신 하나님은 선하시고 인자하신 하늘의 아버지이시므로 그 자녀들을 세상 끝날까지 보호하시며 기쁨과 평강 가운데 살아갈 수 있도록 축복해 주십니다. 그리고 마지막에는 천국으로 옮겨주십니다.

물론 하나님 아버지께서 각자에게 깨닫게 해주시는 개인적인 사명을 잘 감당하기 위해서는 은사가 필요합니다. 그래서 사명을 잘 감당하므로 하나님 아버지의 이름에 영광을 돌리기 위하여 사모하는 마음으로 필요한 은사를 구해야 합니다.

9.
일곱 번째의 길 :
재림의 소망

"그 날 환난 후에 즉시 해가 어두워지며 달이 빛을 내지 아니하며 별들이 하늘에서 떨어지며 하늘의 권능들이 흔들리리라 그 때에 인자의 징조가 하늘에서 보이겠고 그 때에 땅의 모든 족속들이 통곡하며 그들이 인자가 구름을 타고 능력과 큰 영광으로 오는 것을 보리라 그가 큰 나팔 소리와 함께 천사들을 보내리니 그들이 그의 택하신 자들을 하늘 이 끝에서 저 끝까지 사방에서 모으리라."(마 24:29-31)

머지 않은 날 휴거가 일어날 것입니다. 그리스도인들에게 오직 한가지 소망를 말하라면 그것은 아마도 휴거를 기다린다는 말일 것입니다. 이 땅을 심판하시러 재림하시는 예수님께서 구름을 타고 그의 천사들과 함께 공중에 나타나실 때,

그의 택하신 자들을 하늘 이 끝에서 저 끝까지 사방에서 모으십니다. 세상의 많은 사람들은 "그 무슨 되먹지도 않은 황당한 말이냐고" 조롱할 것입니다.

하지만 세상 사람들이 무어라 조롱해도 '휴거'는 실제상황입니다. 어쩌면 우리가 사는 이 세대에서 그 휴거가 일어날 가능성도 있으니 말입니다.

'좋은 밭' 같은 마음으로 하나님을 사랑하며 그의 말씀에 순종하여 세상에 살지만 세상과 구별된 삶을 사는 그리스도인이 휴거되는 혜택을 누리게 될 것입니다. 그들은 세상살이에서 예수님을 믿는다는 것 때문에 고난을 받으면서도 불평하지 않고 겸손히 말씀에 순종하는 열매 맺는 성도들일 것입니다. 그들의 몸이 순식간에 부활하신 예수님의 몸처럼 신령하게 변하여 예수님께서 계신 공중으로 끌어 올려지게 될 것입니다. 그것이 휴거입니다.

휴거되지 못한 성도들의 마지막 기회

우리가 거듭나 성경 말씀을 배우며 기도하며 하나님께 예배드리며 살아왔다 할지라도 마음의 밭이 가시밭이라든지 또는 돌밭은 휴거되지 못할 것입니다. 왜냐하면 그들은 하나님을 믿는다고는 했지만 자신을 하나님보다 더 사랑하여 세상을 따라가는 삶을 살고 있기 때문에 온전히 회개하지 않으면 휴거되지 못할 것입니다.

그렇다고 해서 아버지 하나님께서 그들을 버리신 것은 아니어서 마지막 기회를 한 번 더 주실 것입니다. 이제 땅은 '공중 권세 잡는 자' 사탄이 예수님께 공중에 있는 자기 본거지를 빼앗기고 땅으로 쫓겨났기 때문에 궤휼과 포악과 극악스러움으로 휴거되지 못한 하나님의 자녀들을 상상할 수 없을 정도로 괴롭히며 죽일 것입니다.

"그가 권세를 받아 그 짐승의 우상에게 생기를 주어 그 짐승의 우상으로 말하게 하고 또 짐승의 우상에게 경배하지 아니하는 자는 몇이든지 다 죽이게 하더라 그가 모든 자 곧 작은 자나 큰 자나 부자나 가난한 자나 자유인이나 종들에게 그 오른 손이나 이마에 표를 받게 하고 누구든지 이 표를 가진 자 외에는 '매매를 못하게 하니' 이 표는 곧 짐승의 이름이나 그 이름의 수라 지혜가 여기 있으니 총명한 자는 그 짐승의 수를 세어 보라 그것은 사

람의 수니 그의 수는 육백육십육이니라."(계 13:15-18)

사탄은 일찍이 이 지구촌에 자신이 다스리는 '세계 단일 정부'를 세우기 위하여 정치와 종교와 경제와 문화를 장악하면서 오랜 세월 동안 노력을 했습니다. 그래서 우리가 사는 이 시대에 그의 계획이 거의 완성되어 가고 있습니다. 천주교가 주도한 '에큐메니칼 운동'이 성공하여 '종교통합'이 이루어졌고 프리메이슨, 일루미나티, 공산주의자들이 세계정치를 어두움으로 이끌었고, 카자르계 유대인인 로스차일드 가문에 의해 세계경제는 억압을 당하게 되었습니다. 더욱이 지구촌의 모든 사람들을 감시할 수 있는 '베리칩'이 2017년부터 각 나라의 매스미디어를 통하여 광고를 시작했습니다.

2018년 3월 13일 우연히 YouTube를 보다가 '성경의 예언들이 현실화 되어가는 미국'이라는 동영상을 보게 되었습니다. 그리스도인들이 베리칩에 대한 극단적인 거부감을 가지고 있다는 것을 인식했는지 '신기술'이라고 말하면서 '편리함'을 최대한으로 강조하고 있었습니다.

'편리함' 아주 좋습니다. 하지만 그 편리함 때문에 결국 자신의 주권을 포기하지 않으면 안 되게 될 것입니다. 왜냐하면 '편리함'에 길들려진 사람들이 베리칩(신기술)을 주도하는 사람들의 요구를 들어주지 않으면 그것을 사용할 수 없도록 꺼버릴 수 있기 때문입니다. 그러니까 자신이 원하지 않아도 그들이 요구하는 것을 들어 주어야만 할 것입니다. 궁극적인 그들의 요구는 하나님을 배반하는 것입니다.

그래도 지금은 스스로 베리칩을 받는 자유가 있지만, 휴거가 끝나고 나면 누구든지 이 베리칩을 받지 않으면 안될 것입니다. 안 받으면 그것은 죽음이니까요!

그러나 그리스도인들은 절대로 이 베리칩(신기술)을 받으면 안됩니다. 매매를 할 수 없어서 먹을 것이 없어진다면 배고픔에 지지말고 하나님의 은혜를 사모하며 죽임을 당하는 쪽을 택해야 합니다. 이때에 자신이 예수님을 바르게 따르지 못한 것을 회개하면서 순교한다면 다시 천국에 들어 가는 축복을 받게 되고 휴거된 성도들과 함께 아버지의 은혜를 누리게 될 것입니다.

그러니까 휴거되지 못한 성도들은 666표시를 포함하여 세상이 주는 어떤 유혹과 고난 앞에서도 자신의 목숨을 걸고 홀로 한 분이신 창조주 하나님을 향한 믿음, 구세주이신 예수님을 향한 믿음을 지켜야 하며 세상 그 어떤 것과도 절대로 타협하지 말아야 합니다.

또한 이제야 구원받고 거듭난 성도들은 혹 휴거되지 못할까봐 염려가 될 수도 있을 것입니다. 하지만 우리 하늘의 아버지 하나님께서는 공평하고 공의로우신 분이신지라 각 사람의 마음과 그의 행동을 보시고 정확히 판단하십니다. 이제 믿어서 전혀 헌신을 못했다 할찌라도 그의 마음이 진리이신 예수님만을 온전히 믿겠다는 확고한 믿음을 가지고 행동하는 것과 열심으로 주님을 따르려고 애쓰는 것을 보신다면 그 사람은 휴거 직전에 구원 받았다고 해도 휴거되게 하실 것입니다.

예수님께서는 "먼저 된 자가 나중되고 나중 된 자가 먼저 된다."는 말씀으로 얼마나 오랫동안 믿었느냐가 중요한 것이 아니라 어떻게 말씀을 진실하게 믿고 세상과 구별된 거룩한 삶을 살고자 했는가에 따라 휴거를 결정하십니다.

휴거에 대해서 많은 논란이 있습니다. 정상적인 기독교 지도자들 중에서도 휴거가 없다고 가르치는 사람이 있습니다. 그러나 마태복음 24장의 말씀은 우리를 죄에서 구원해주신 예수님께서 친히 말씀하신 것입니다. 또한 성령의 감동을 받아 성경을 기록한 많은 하나님의 종들이 구약과 신약을 통하여 휴거를 말하였습니다. 사도 바울은 고린도전서 15장 50-53절, 고린도후서 5장 1-7절, 빌립보서 3장 21절, 데살로니가전서 4장 13-17절에 휴거에 대하여 말하였습니다. 사도 요한 역시 요한계시록 2장 23절, 11장 12절, 12장 7-12절에 휴거와 성도들의 영원한 삶에 대하여 말하였습니다. 그러므로 세상 종교 지도자들이 무슨 말을 하던지 상관하지 말고 우리는 오직 성경에서 말씀하신대로 믿고 기다리며 거룩한(구별된) 삶으로 정결하게 되어 믿음으로 다시 오시는 예수님을 맞이하는 성도가 됩시다.

휴거가 발생할 수 밖에 없는 조짐

"형제들아 우리가 너희에게 구하는 것은 우리 주 예수 그리스도의 강림하심과 우리가 그 앞에 모임에 관하여 영으로나 또는 말로나 또는 우리에게서 받았다 하는 편지로나 주의 날이 이르렀다고 해서 쉽게 마음이 흔들리거나 두려워하거나 하지 말아야 한다는 것이다 누가 어떻게 하여도 너희가 미혹되지 말라 먼저 '배교'하는 일이 있고 저 '불법의 사람 곧 멸망의 아들'이 나타나기 전에는 그 날이 이르지 아니하리니 그는 대적하는 자라 신이라고 불리는 모든 것과 숭배함을 받는 것에 대항하여 그 위에 자기를 높이고 하나님의 성전에 앉아 자기를 하나님이라 내세우니라 … 불법의 비밀이 이미 활동하였으나 지금은 그것을 막는 자가 있어 그 중에서 옮겨질 때까지 하리라 그 때에 불법한 자가 나타나리니 주 예수께서 그 입의 기운으로 그를 죽이시고 강림하여 나타나심으로 폐하시리라 악한 자의 나타남은 사탄의 활동을 따라 모든 능력과 표적과 거짓 기적과 불의의 모든 속임으로 멸망하는 자들에게 있으리니 이는 그들이 진리의 사랑을 받지 아니하여 구원함을 받지 못함이라 이러므로 하나님이 미혹의 역사를 그들에게 보내사 거짓 것을 믿게 하심은 진리를 믿지 않고 불의를 좋아하는 모든 자들로 하여금 심판을 받게 하려 하심이라."(살후 2:1-4, 7-12)

사도 바울은 장차 예수님의 재림을 가지고 많은 거짓 선지자나 종교 지도자들이 사람을 격동하고 유혹하여 사람들의 자유를 박탈하고 자기들의 선전의 도구로 쓸 것을 미리 알고 예언하였습니다. 그러므로 주님의 재림의 날에 대해 쉽게 동요하지 말고 온전히 믿음을 지키라고 강권한 것입니다.

그런데 2017년 작년부터 세계적으로 나타나는 징조가 심상치 않습니다. 비트코인 문제라든지 남북한의 정세와 이스라엘과 아랍국가들간의 갈등은 곧 전쟁이 일어날 것이라는 암시를 주고 있습니다.

사도 바울이 말하는 확실한 휴거와 예수님의 재림에는 순서가 있습니다. 그 날짜는 아무도 모르지만 '배교(삼위일체의 하나님을 믿었던 믿음을 버리고 하나님을 대적하는 자를 믿는 것)'가 먼저 일어나고 그 다음에 저 '불법한 자(자신이 세상을 구원할 그리스도라고 주장하는 적 그리스도)'가 나타날 때 예수님의 마지막 시간표도 작동된다는 것입니다.

1948년부터 가톨릭이 주관하여 "종교통합(에큐메니칼 운동)" 운동을 벌여왔는데 몇 년 전에 그 운동이 열매를 맺었습니다. 그리고 지금은 꽃을 활짝 피우기 시작했습니다. 종교통합이 이루어져서 가톨릭과 무슬림과 기독교, 불교, 동방정교회, 오리엔트 정교회, 정령을 섬기는 모든교, 성공회, 힌

두교, 통일교, 신천지교 등등 지구촌에 있는 모든 종교가 하나가 된 것입니다. 그들의 목적은 창조주이신 삼위일체의 하나님의 말씀인 진리를 대적하는 것, 바로 사탄에게 종노릇을 하기 위함입니다.

예를 든다면 WCC(세계교회협의회)에 가입한 기독교들에서 '동성애자'들을 용납하여 목회자로 세우고 있습니다. 또한 영국성공회에서는 동성애 강령을 받아드렸고 감독 중 한사람은 '그리스도의 신성을 부인하는' 책을 썼습니다. 성공회는 모든 교구가 원하면 하나님을 '그'가 아니라 '그녀'라고 부를 수 있도록 허용해 주었습니다. 성령은 '거룩한 영'이 아닌 사람의 영이라고 해석할 수 있도록 허용했고, 예수 그리스도는 인간에 필요에 맞춰 마음대로 해석해도 된다고 허락했습니다.(데이빗 윌키슨 목사 설교 중에서 발췌.)

여러분 이런 말들은 무엇을 의미하는 것일까요? '배교'입니다. 하나님께서 '그녀'이면 아들이 있을 수 없습니다. 아버지에게 아들이 없어지는 것입니다. 아들의 신성을 제거하면 그렇게 됩니다. 그것은 이슬람의 중요한 교리입니다. "신에게 아들이 없다." 이렇게 배교가 교회에 들어오고 있습니다.(데

이빗 윌키슨 목사, 교회의 종말론)

　종교통합의 중요교리는 종교 다원주의와 혼합주의입니다. 다시 말하면 사도 바울이 말한 '다른 복음'입니다.(갈 1:6-9)

　거짓 선지자들과 적그리스도를 사칭하는 사람들의 나타남과 불법의 증가, 민족이 민족을 나라가 나라를 대적하는 전쟁과 곳곳에 기근, 지진, 회산폭발, 무서운 태풍, 가뭄 등 재해들은 매 세기마다 일어났던 일이라 모든 사람의 마음은 그냥 그렇게 그러려니 생각합니다. 그러나 세계단일정부의 등장(구글에서 2018.1.23. 신세계질서의 시작을 알리는 카드로 광고를 시작했습니다–YouTube최호영 목사)과 종교통합인 '배교'는 우리가 사는 이 시대에서 완성되어 꽃을 피우고 있다는 것입니다. 그리고 여러분들이 예상하지 못한 빠른 시간내에 진짜인 척 '적그리스도'가 평화의 사도로 가장하고 이 지구촌에 자신의 정체를 드러낼 것입니다.

　그리고 예수님께서 말씀하신 것과 같이 '휴거'가 일어날 것이며, '심판주'로서의 예수님께서 이 땅에 재림하실 것입니다. 이 사실이 무섭다고 부인한다고 부인할 수 있는 것이 아닙니다.

그러므로 우리는 오직 성경으로 돌아가 깨닫게 해주신 말씀을 붙들고 믿음으로 자신을 거룩하게 하는 세상과 구별된 삶을 살아야 합니다. 그리고 구원받은 기쁨으로 모든 어려움과 환난을 견뎌내야만 합니다. 조급해하는 마음으로 두려워하지 마십시오 우리는 하나님의 때까지 기도하면서 힘을 얻고 오래 참음으로 견뎌야 합니다.

성경이 예언한 모든 것이 지금 우리 눈 앞에서 일어나고 있습니다. 그래도 아직은 회개할 수 있습니다. 우리의 의지로 선택할 수 있는 시간이 있다는 것입니다. 부디 영원한 생명을 위하여 바른 선택을 하시는 모든 분들이 되시기를 간절히 기도드립니다.

참고로 '어떻게 하나님을 바르게 알아갈 수 있을까?'를 오랫동안 생각하며 기도하다가 응답을 받고 쓴 『하나님께서는 내게 무엇을 바라실까요?』라는 제목의 책을 출판할 예정입니다. 그곳에는 십계명과 팔복과 산상수훈을 각 개개인이 삶에 적용할 수 있도록 이해하기 쉽게 썼습니다. 마치 성경의

참고서 역할을 했다고나 할까요. 참고하시면 도움이 되실 것
입니다.

독자 후기 ─────

꼭 읽어야 할 소화제같은 책

저는 관공서에서 공무원으로 재직중인 30대 중반의 미혼 여성입니다. 모태신앙인지라 30년을 넘게 믿음 생활을 하고 있기에, 예수님께서 내 죄를 위해 십자가에서 흘리신 피와 부활의 사실을 잘 알고 있었고 구원의 확신도 있었습니다.

하지만 어느 때부터인가 나도 모르는 내적 갈등과 혼동이 조금씩 생겨났고, 어릴 때는 순수하게 믿어졌던 것들이 커갈수록 "과연 진짜일까?"라는 의심이 들었습니다.

또 왜 믿는 사람들은 참고 견디며, 먼저 사랑을 베풀어야 하는지 화도 나고 반발감마저 들 때도 있었습니다. 아직 미혼이기 때문에 결혼이라는 관계 속에서의 헌신과 희생을 경험해 보지도 않았지만 사랑, 희생, 헌신이라는 막연한 생각만으로도 미리부터 지친 상태였습니다. 그래서 사회생활에서조차 '믿는 사람'이란 타이틀로 세상을 사는 것이 어쩌면 그 어느 것보다 힘든 일이라고 생각할 때가 많았습니다.

그러던 중 선교사님의 일을 도와 드리기 위해 이 책을 읽게 되었는데, 저는 뭔가에 머리를 얻어맞은 것 같은 큰 충격을 받았습니다. 하나님이 태초부터 어떻게 계획하시고, 현재까지 나를 비롯한 사람들을 얼마나 사랑하시는지에 대해 너무나도 명확하게 알게 되었고, 내가 그동안 주님 앞에 얼마나 교만하고 건방져 있었는지, 그동안 믿음 생활이랍시고 해왔던 것들은 얼마나 보잘 것 없는 것들이었는지를 새삼 깨달았습니다.

모태신앙이기 때문에 하나님에 대해 잘 안다는 자만감에, 주신 은혜와 사랑을 감사하기 보다는 내가 정해 놓은 기준에 주님이 맞춰 주시기만을 바라고 다른 사람과 비교하며 불평 불만하기 일쑤였습니다. 그래서 늘 기쁨을 잃은 채 성경과 세상 양쪽에 발을 걸치고 하나님의 뜻대로 바르게 살지도, 그렇다고 또 완전히 엇나가지도 못하는 혼동 속에 빠져 말 그대로 무감각한 삶을 살고 있었던 거지요.

제 주변만 봐도, 모태신앙이지만 믿음을 잃고 방황하거나 또는 교회를 다니고는 있지만 구원의 확신없이 혼동속에 빠져 있는 사람들이 꽤 많이 있습니다. 그렇다고 이런 고민을 주변에 말해봐도 "이건 이렇고 저건 저렇다."라고 완벽하게 말해 줄 이도 없을 뿐더러 교회에서조차 제대로 설명해 주지 않기 때문에 성경을 읽어도 마냥 어려운 말로만 느껴져 중간에 포기하고 신앙마저 버리는 사람들도 보았습니다.

그런데 저는 이 책을 읽고 해답을 찾았습니다. 주님께서 십자가의 대속의 피로써 보여주신 대가없는 사랑과 겸손. 그동안 가장 중요한 이것을 잊고 있었던 거였습니다.

저는 책을 읽으면서 그동안 나의 믿음이 돌밭이나 가시밭에 뿌려진 씨앗같았음을 주님앞에 회개할 수 있었고, 다시금 흐트러진 믿음을 재정비하는 기회가 되었습니다.

이제 저는 흔들리는 아슬아슬했던 연약함과 부족함을 온전히 아뢰고 주님께서 은혜를 내려주시기를 사모하며 주님의 자녀된 삶을 사는 것을 인생의 목표로 하고 겸손부터 실천하고자 합니다. 주님께서 가르쳐 주신 사랑을 다른 사람들에게도 실천하며 선한 영향력을 끼치는 참된 그리스도인이 되기를 소망하며 기도합니다.

저는 이 책을 저와 같은 고민 중에 있거나, 성경을 읽고 싶은데 너무 어려워서 시도조차 못하는 분들이 꼭 읽어여만 하는

'소화제'라고 말하고 싶습니다. 창세기부터 요한계시록까지 성경에 기초하여 우리가 세상을 어떻게 살아야하고 왜 그래야만 하는지, 그리고 내가 믿는 하나님이 어떤 분이신지에 대해 너무도 정확하고 이해하기 쉽게 설명되어 있어서 제가 그랬듯이 읽는 내내 가슴이 뜨거워짐을 느끼게 될 것입니다.

그리고 아브라함의 하나님이 나의 하나님이시요, 태초부터 계셨던 하나님이 오늘 나와 함께 하시고 나를 인도해 주실 유일한 분이심을 깨닫고 앞으로의 삶을 어떻게 하나님의 기뻐하시는 자녀가 되어서 살 것인가를 구상해 볼 수 있는 기회가 될 것입니다.

인생의 길라잡이인 이 책을 만나보시길 강력히 추천합니다.

박은혜

그래도 아직은
선택할 기회가
있습니다